普通高等教育“十三五”规划教材

企业模拟经营
——ERP 沙盘实训教程

主　编　徐建华　罗阿玲
副主编　林　敏　魏小林
编　委　胡秋菊　赵　鑫　余　阳
黄文富　李为毅　张艳玲

西南交通大学出版社
·成都·

图书在版编目（CIP）数据

企业模拟经营 ：ERP 沙盘实训教程 / 徐建华，罗阿玲主编. —成都：西南交通大学出版社，2018.8（2020.12 重印）

普通高等教育“十三五”规划教材

ISBN 978-7-5643-6392-5

Ⅰ. ①企… Ⅱ. ①徐… ②罗… Ⅲ. ①企业管理－计算机管理系统－高等学校－教材 Ⅳ. ①F270.7

中国版本图书馆 CIP 数据核字（2018）第 201982 号

普通高等教育“十三五”规划教材

企业模拟经营——ERP 沙盘实训教程

Qiye Moni Jingying

ERP shapan Shixun Jiaocheng

主　　编 / 徐建华　罗阿玲

责任编辑 / 罗爱林

特邀编辑 / 罗　旋

封面设计 / 严春艳

西南交通大学出版社出版发行

（四川省成都市二环路北一段 111 号西南交通大学创新大厦 21 楼　610031）

发行部电话：028-87600564　028-87600533

网址：http://www.xnjdcbs.com

印刷：成都蓉军广告印务有限责任公司

成品尺寸　185 mm × 260 mm

印张　13.75　　字数　342 千

版次　2018 年 8 月第 1 版　　印次　2020 年 12 月第 2 次

书号　ISBN 978-7-5643-6392-5

定价　45.00 元

课件咨询电话：028-81435775

图书如有印装质量问题　本社负责退换

前　言

沙盘推演模式在 20 世纪 70 年代被成功地运用到企业管理培训中，它运用独特直观的教具，融入市场变数，结合角色扮演、情景模拟、讲师点评，使受训人员在虚拟的市场竞争环境中，真实体会企业数年的经营管理过程。因此，沙盘实验课程被世界 500 强企业作为中高层管理者必修的培训课程之一，也被欧美的商学院作为 EMBA 的培训课程。在我国，ERP 沙盘的实践教学课程也已在各个高校广泛开设，并且成为经济管理类专业的必修课程之一。

本教材属于四川省省级精品资源共享课程——“企业经营模拟沙盘实训”的配套教材，共分为两个部分：第一部分商业企业手工沙盘，系统介绍了商业手工沙盘的模拟经营实验过程；第二部分工业企业电子沙盘，系统介绍了工业电子沙盘的模拟经营实验过程。本书将“ERP”（企业资源计划）的概念充分引入沙盘实验中来，通过对一个企业为期 5 ~ 6 年的模拟经营，综合了现代企业管理、财务信息管理、市场营销、网络营销、会计处理、销售管理、渠道管理、供应链管理等多方面的知识，遵循“体验—分享—提升—应用”这一基于工作过程的体验式教学，着重培养学生以下几个方面的职业技能：

（1）帮助学生理解企业生产和经营的本质；

（2）引导学生建立企业经营的大局观；

（3）加深学生对企业“进、销、存”的理解；

（4）锻炼学生分析问题、解决问题的能力；

（5）培养学生的市场预测与决策能力；

（6）提高学生的团队精神和分工协作意识。

本教材将沙盘的实验指导和操作手册有机地结合在一起，包含了沙盘实验的所有环节，学生使用本教材时可不再需要另外的操作手册。本教材可作为大学本科、高职高专学生的专业教材，也可作为沙盘实验的指导教材和参考书籍，还可以作为企业员工沙盘培训的操作手册。

本教材由成都东软学院的教师共同编写，徐建华、罗阿玲担任主编。具体的编写分工：徐建华编写第 1 章、第 2 章、第 3 章、第 13 章；林敏编写第 4 章；李为毅编写

第 5 章；余阳编写第 6 章；胡秋菊编写第 7 章；赵鑫编写第 8 章；张艳玲编写第 9 章；黄文富编写第 10 章；罗阿玲编写第 11 章；魏小林、罗阿玲编写第 12 章以及附录。全书文字部分的校对由王世慧完成，图表部分的校对由邓楠完成，统稿由程学良完成。书中的案例及相关资料由金蝶软件、百树科技等公司提供。另外，本教材在出版过程中得到了西南交通大学出版社祁素玲、罗爱林两位老师的帮助，在此一并致谢。由于编者经验不足，教材中难免存在不足之处，恳请各位读者和专家批评指正。

编 者

2018 年 6 月

目　录

第一部分　商业企业手工沙盘

第二部分 工业企业电子沙盘

第一部分

商业企业手工沙盘

1 ERP 沙盘概述
2 沙盘盘面介绍及经营流程分析
3 ERP 商业沙盘初始年经营
4 市场预测分析及订单获取规则
……

1 ERP 沙盘概述

【学习目标】

知识目标：了解 ERP 沙盘的起源、发展历程以及商业沙盘竞赛的基本情况，掌握商业沙盘的实验内容和步骤。

技能目标：充分了解沙盘在现代企业经营中的作用。

企业沙盘模拟实训将完整的企业经营流程形象地展现在沙盘上，根据企业的经营原理，独立地对沙盘道具进行调配，代替企业的经营，最后系统再对经营者的效果进行评价。这种方法可用于企业对中、高层经理的培养和锻炼，也是提高学生感性知识的主要途径，在提高学生学习兴趣的同时，还有助于学生系统地掌握现代理论知识。

1.1 企业沙盘模拟经营的起源

沙盘，是根据地形图或实地地形，按一定的比例用泥沙、兵棋等各种材料堆制而成的模型。沙盘源于军事，它采用各种模型来模拟战场的地形及武器装备的部署情况，结合战略与战术的变化来进行推演。

沙盘在我国历史悠久。《后汉书·马援列传》中记载："八年（即公元 32 年），帝自西征嚣，至漆，诸将多以王师之重，不宜远入险阻，计冘豫未决。会召援，夜至，帝大喜，引入，具以儁议质之。援因说隗嚣将帅有土崩之势，兵进有必破之状。又于帝前聚米为山谷，指画形势，开示众军所从道径往来，分析曲折，昭然可晓。帝曰：'虏在吾目中矣。'"此处说的就是马援用米堆成一个与实地地形相似的模型，从战术上做了详尽的演练分析，汉光武帝刘秀看后，高兴地说："敌人尽在我的眼中了！"这就是最早的沙盘作业。

1811 年，普鲁士国王腓特烈·威廉三世的文职军事顾问冯·莱斯维茨，用胶泥制作了一个精巧的战场模型，用颜色将道路、河流、村庄和树林区分开来表示，用小瓷块代表军队和武器，陈列在波茨坦皇宫里，用来进行军事游戏。后来，莱斯维茨的儿子以沙盘、地图表示地形地貌，以算时器表示军队和武器的配置情况，并按照实战方式进行策略谋划。这种"战争博弈"就是现代沙盘作业。

战争沙盘模拟通过推演两军在战场上的对抗与较量，发现双方在战略战术上存在的问题，以提高指挥员的作战能力。英、美知名商学院和管理咨询机构很快意识到这种方法同样适合用于企业对中、高层经理的培养和锻炼，随即对军事沙盘模拟推演展开广泛的借鉴与研究，最终开发出了企业沙盘模拟经营培训这一新型现代教学模式。

企业沙盘模拟经营将企业的主要部门和工作对象制作成类似的实物模型，以企业运行过程设计为运作规则，进而模拟出企业的经营过程。企业管理模拟一般将学员按 3 ~ 5 人分成一个学习小组，常常将其假定为一家公司，然后在指定的模拟性管理情景与条件下，演习各种管理活动。因此，企业管理模拟是一种理解和领悟企业经营管理过程的方法。从 20 世纪 50 年代开始，企业管理模拟在国外就成为一种很受欢迎的教学方式。这种方式可以让学习者在模拟的竞争环境中亲身实践，体验企业经营管理过程，极大地激发了学习者的兴趣。

1.2　ERP 沙盘的发展历程

企业沙盘模拟训练课程是从 20 世纪 50 年代由军事沙盘推演演化而来的，这种新颖而独特的培训模式现已风靡欧美，成为世界 500 强企业经营管理培训的主选课程。这在国外已经经过了很多外企和政府机关的实战检验，课程的每个环节都经过了深入的调查研究，经过多年沉淀，课程体系已经相当成熟。20 世纪 90 年代末，企业沙盘模拟类培训课程进入我国，经过 10 多年的锤炼，原本较成熟的课程体系进一步融入了我国企业的经营特色，更贴近企业实际。沙盘模拟教学模式现已纳入北京大学、清华大学、中国人民大学、浙江大学等多所高校的 MBA、EMBA 及中高层管理者在职培训的教学之中。

ERP 沙盘，是企业资源规划（Enterprise Resource Planning）沙盘的简称，也就是利用实物沙盘直观、形象地展示企业的内部资源和外部资源。ERP 沙盘可以展示企业的主要物质资源，包括厂房、设备、仓库、库存物料、资金、职员、订单、合同等各种内部资源；还可以展示包括企业上下游的供应商、客户和其他合作组织；甚至可以展示为企业提供各种服务的政府管理部门和社会服务部门等外部资源。一般来说，ERP 沙盘展示的重点是企业内部资源。

ERP 沙盘模拟（ERP Simulation Game）是针对先进的现代企业经营与管理技术的代表 ERP 而设计的角色体验的实验平台。ERP 模拟沙盘按照企业的各职能划分职能部门，各职能部门涵盖了企业运营的所有关键环节，参与者模拟企业管理的不同角色分任不同部门主管，以战略规划、资金筹集、市场营销、产品研发、生产组织、物资采购、设备投资与改造、财务核算与管理等多个部分为设计主线，把企业运营所处的内外环境抽象为一系列的规则，由参与者组成多个相互竞争的模拟企业，模拟企业 3 ~ 6 年或 4 ~ 8 个季度的经营，使受训者在分析市场、制定战略、营销策划、组织生产、财务管理等一系列活动中，融和理论与实践一体、集角色扮演与岗位体验于一身，参悟科学的管理规律，培养团队精神，全面提升管理能力。同时，受训者也能对企业资源的管理过程有一个实际的体验。

ERP 模拟沙盘按商业模式分为生产型企业 ERP 模拟沙盘（以下简称 ERP 生产沙盘）和商业型 ERP 模拟沙盘（以下简称 ERP 商业沙盘），分别模拟生产型企业和商业型企业的经营管理。

ERP 沙盘模拟从产生到现在，经历了实物沙盘模拟和计算机虚拟沙盘模拟两个阶段。

实物沙盘模拟采用实物沙盘（一般称手工沙盘）来模拟企业的经营。沙盘一般包括盘面、部门标识牌、代表产品、现金、应收账款和应付账款的筹码，参与者按分工模拟企业经营中的各种角色对沙盘进行操作。计算机虚拟沙盘模拟（一般称电子沙盘）采用计算机和网络将企业以软件的方式进行模拟。从虚假沙盘模拟的发展来看，模拟经历了二维模拟和三维模拟两个阶段。二维模拟基本上是将手工沙盘电子化；三维沙盘则是将企业通过三维电子技术进行模拟展示，比手工沙盘和二维沙盘更为直观形象。

手工沙盘和电子沙盘各有优点和不足，总结如下：

（1）手工沙盘的优点是：采用手工操作沙盘并手工进行财务计算和登记，对初学者而言，企业的资金活动过程比较直观，通过手工记录企业财务活动和编制相关报表，能够加强其对财务知识的实践和企业经营的直观理解。手工沙盘的缺点是：操作可以人为地进行修改和重复、计算量大且容易出错，一般只能模拟 6～8 个企业的竞争，且必须在同一物理地点进行，在模拟经营中时间控制难度大。

（2）电子沙盘的优点是：可模拟企业的数量高达数十个，参与者可通过网络在不同地点参与模拟，财务计算和报表登记业务基本由计算机负责完成，每次的操作都不允许修改，并可限定决策时间。电子沙盘的缺点是：对参与者的计算机知识有一定要求，要求网络及服务器等硬件设备运行良好，企业经营过程较抽象，互动性不强，对参与者的财务计算与报表编制要求较低，有“机上谈兵”的味道。一般而言，如果参与者通过手工沙盘模拟后再进行电子沙盘模拟效果会更好。

综上，在高校教学或企业培训中，采用手工沙盘教学的氛围和教学效果要大大优于电子沙盘，而在各类企业模拟经营的比赛中，则较多使用电子沙盘。

企业沙盘模拟学习属于体验式学习，与传统的学习方式有较大的不同。它强调学习者的“知”“行”合一，以“知”指导“行”，并通过“行”来检验“知”。通过几个季度或年度的经营，学习者可将多轮次的实践理论知识与工作实际相结合，在指导教师的点评和引导下，逐步提高自身对理论知识的掌握程度以及如何将所掌握的知识用于解决实际问题的能力。采用企业沙盘模拟进行教学有以下优点：

（1）将复杂抽象的企业经营管理理论和操作以企业模拟沙盘的形式，直观地展示给学习者。

（2）学习者可以将所学所思用于实际并得以印证。

（3）“做”和“学”相结合，通过企业沙盘模拟让学习者边学边做，边做边学，这也符合人类的学习规律。

1.3 ERP 商业沙盘竞赛简介

Motorola、IBM 等公司经常采用这种新颖的培训方式，即企业沙盘模拟学习。培训前期由两位专家讲授理论，涉及企业管理的主要内容，如市场营销、财务管理、信息技术、人力资源管理、战略管理；培训后期则把学员分成若干组，利用计算机进行企业竞争模拟。20 世纪 80 年代初期，这种方法运用于我国管理教学中。

1996 年的国际企业管理挑战赛在中国赛区的比赛吸引了 96 个队参加，包含了大多数提供 MBA 学位教育的国内著名的管理学院。主办方从美国、加拿大、德国、日本等国家引进了一些模拟软件，然而，英文界面的企业竞争模拟软件在我国的应用有很大的局限性。中文界面的企业竞争模拟软件最早是由北京大学于 1995 年开始研发的，后来几经改进，在 2003 年全国 MBA 培养院校企业竞争模拟比赛中使用了此软件。

目前，国内几乎每年都会举行全国性的沙盘模拟经营大赛，而且多是针对在校大学生，影响比较大的有教育部高职高专工商管理类专业教学指导委员会举办的“全国高职高专大学生企业经营管理沙盘模拟大赛”、“昆山杯”全国大学生创业大赛和“用友杯”企业经营管理沙盘模拟大赛。

商业沙盘大赛以商业型企业为背景，让每个参赛者置身于商业实战场景，以各自代表的企业经营管理者的身份，扮演财务、物流、人力资源、营销等重要角色，实地体验商业竞争的激烈性。在整个沙盘模拟操作过程中，能够让参赛者的学习热情极大地被激发，并且锻炼参赛者对全局观念的把握以及规划能力。

1.4　ERP 商业沙盘实验安排

本实验共分为九个部分，分别如下：

（1）企业 ERP 沙盘课程介绍。着重培养实验者的现代企业管理知识，树立实验者在工作中的全局意识。

（2）沙盘盘面讲解。了解商业沙盘的盘面布局、含义和作用。

（3）企业沙盘初始年经营。在指导老师的带领下完成初始年度的经营，进一步了解沙盘的功能、布局，了解企业经营的“进、销、存”流程。

（4）竞标规则和经营规则。了解商业沙盘的经营规则，培养实验团队的市场预测与决策、市场分析与产品定位等方面的能力。

（5）企业沙盘第一年经营。由实验团队第一次独立完成企业的模拟经营，包括市场分析、产品定位、广告宣传、门店建设、订单竞标、订单执行等内容，注重锻炼实验者的决策能力和协调能力。

（6）企业沙盘第二年经营。除了第一年的经营内容之外，第二年经营还包括了市场开拓、新产品投放等内容，着重培养实验团队的销售管理和渠道管理能力。

（7）企业沙盘第三年经营。着重培养实验团队的财务管理、成本控制等方面的能力。

（8）企业沙盘第四年经营。着重培养实验团队的资金运作的能力。

（9）企业沙盘第五年经营。着重培养实验团队的企业经营风险控制能力。

本实验建议总课时为 48 学时，商业沙盘各部分的课时分布如表 1.1 所示，仅供指导教师参考。

表 1.1　商业沙盘课时分布表（单位：学时）

总课时：48	理论：7　　实践：41
企业 ERP 沙盘课程介绍	2
沙盘盘面讲解	2
企业沙盘初始年经营	6
竞标规则和经营规则	3

续表

总课时：48	理论：7　实践：41
企业沙盘第一年经营	7
企业沙盘第二年经营	7
企业沙盘第三年经营	7
企业沙盘第四年经营	7
企业沙盘第五年经营	7

复习思考题

1. 简述企业沙盘的起源和发展历史。
2. ERP 沙盘的三种类型是什么？各有什么特点？

2 沙盘盘面介绍及经营流程分析

【学习目标】

知识目标：了解 ERP 沙盘的角色分配、虚拟公司的战略定位；熟悉并掌握商业沙盘盘面的布局、内容、含义；理解商业沙盘模拟经营的全部流程。

技能目标：了解现代企业管理的知识，树立工作中的全局意识，了解企业的“进、销、存”运作流程。

2.1 组建虚拟公司及角色分工

2.1.1 公司背景介绍

本书设定的虚拟公司背景如下：

公司性质：中小型的商贸代理公司。

公司地点：总部设在东部地区。

经营范围：代理国内外四款商品的销售。这四款商品分别为：A（高档）、B（中高档）、C（中档）、D（低档）。

销售渠道：目前在东部自建一家中档专卖店（门店）销售 C 商品。

配送渠道：目前在东部自建一个物流配送中心（仓库）。

经营状况：良好。

2.1.2 市场环境介绍

本书设定的市场环境如下：

整个市场分为东部、南部、西部、北部四个区域。其中，东部市场已经成功开拓，并自建一家专卖店进行 C 商品的销售。另外三个区域的市场还是空白，等待经营团队去开拓。

要想进入南部、西部和北部的市场，必须事先进行销售渠道的建设，其中，南部的建设周期为 1 年，即必须在建设销售渠道后的第二年度才能开展销售；西部的建设周期为 2 年，即必须在建设销售渠道后的第三年度才能开展销售；北部的建设周期为 3 年，即必须在建设销售渠道后的第四年度才能开展销售。四个区域的市场趋势如图 2.1 所示。

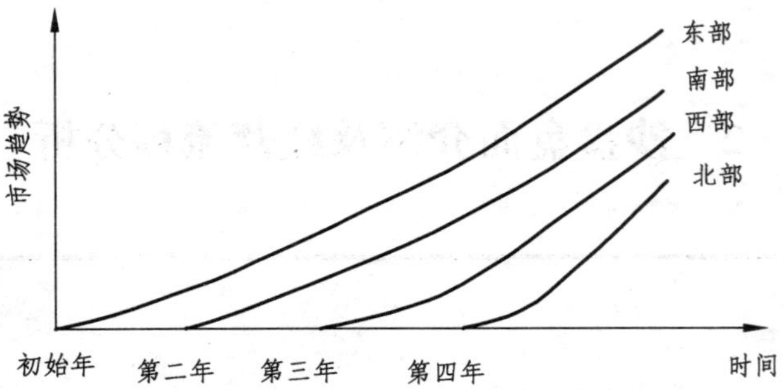

图 2.1　东、南、西、北四个区域的市场趋势

渠道建设的规则将在第四章详细介绍。

2.1.3　组建虚拟公司

本实验课程是以小组竞赛的方式进行的，因此，为了增加实验的实战性和挑战性，各个小组要成立一个虚拟公司，模拟公司经营方式来完成实验。

组建虚拟公司包含以下内容：

（1）确定公司名称，如“青软股份有限公司”。

（2）制定公司目标，如“立志使青软公司成为全国一流知名企业”。

（3）建立公司口号，如“青软，青软，攻无不克，战无不胜”。

2.1.4　经营班子角色分工

经营班子一共包括以下五种角色：总经理（CEO）、财务总监（CFO）、营销总监（COO）、采购总监（CPO）、门店经理（SM）。其中，财务总监和门店经理的盘面工作量比较大，如果小组的人员超过 5 个，可以为财务总监和门店经理配置助理。

（1）总经理（CEO）：负责公司发展目标和经营战略的制定；负责公司经营团队的管理和职务的安排；负责当经营决策出现分歧时作出最终决策。在模拟经营过程中，CEO 的一个最重要的工作是，经营团队必须在 CEO 的统一控制下进行每一个步骤的操作，也就是说，没有 CEO 的指令，经营团队的任何成员都不能擅自去操作盘面。这是避免操作错误的一个关键点，也是对 CEO 扮演者的管理能力、控制能力和协调能力的一个极大的锻炼。

（2）财务总监（CFO）：负责公司资金调度计划的安排、新市场的投资建议以及财务报表的编制。具体到盘面的操作上，由财务总监负责操作沙盘财务区域的筹码移动，并负责登记操作流程记录。每年年末，CFO 还要编制本年度公司总部和各个门店的财务报表。由于 CFO 的工作量比较大，建议另外配置一名 CFO 助理，一个负责盘面的操作（实务），一个负责流程的记录（账务）。这样就能有效地避免错误、提高操作速度。CFO 的工作任务对角色扮演者的财务管理能力、资金运作能力、财务报表的编制能力等方面起到非常大的锻炼作用。

（3）营销总监（COO）：负责公司的市场情报收集和分析，并制订营销方案和销售计划，主要包括开拓新区域市场、代理新商品的销售、建设新门店等。具体到盘面的操作上，由 COO 负责操作沙盘营销区域的筹码移动。COO 最重要的任务是，在 CEO 的指导下，每年年初制订全年的广告投放计划并参与销售订单的竞标工作。可以说，这项工作执行的好坏直接影响公司全年业绩的好坏。COO 的工作任务对角色扮演者的市场预测和决策能力、情报分析能力、市场开拓能力等方面能起到非常大的锻炼作用。

（4）采购总监（CPO）：负责公司所有商品的订单签署、集中采购、运输工具的选择、运输批次决策等任务。具体到盘面的操作上，由 CPO 负责沙盘盘面采购区域的筹码移动。CPO 一个很重要的任务是，必须对本年度甚至下一年度的销售订单数量、仓库库存数量、资金情况等有一个宏观的掌握和预测，并在此基础上合理制订采购数量，合理选择运输工具和运输批次。这是降低运营成本、提高公司利润的一个重要环节。CPO 的工作任务对角色扮演者的全局意识、成本意识、进销存的管理能力等方面能起到非常大的锻炼作用。

（5）门店经理（SM）：负责各个区域专卖店、代理商、大卖场三类门店的经营和管理，主要包括申请配货、销售订单的履行、货款的收取、应收账款的冲销等。具体到盘面的操作上，由 SM 负责沙盘盘面门店区域的筹码移动。当公司经营进入到后期，门店数量会很多，SM 的工作量也会很大，因此建议多配置几个 SM，由专人负责某个区域的门店经营。比如：东部区域配置一个门店经理，专门负责东部门店的经营；南部区域配置一个门店经理，专门负责南部门店的经营，以此类推。SM 的工作任务对角色扮演者的一线经营能力有很大的提高；同时，它对进销存流程的掌握、物流配送的全局意识、仓储环节的合理调度和利用能力、财务账款的理解和处理能力等方面也起到非常大的锻炼作用。

各角色的岗位职责和盘面操作任务如表 2.1 所示。

表 2.1　虚拟公司各角色分工的岗位职责及盘面操作任务

角　色	岗位职责	盘面操作任务
总经理（CEO）	战略决策、团队管理、经营管理	盘面操作流程控制、团队管理
财务总监（CFO）	资金运作、投资建议、报表合并	财务决策、总部及门店报表编制
营销总监（COO）	市场开拓、销售、情报分析	新市场开拓、广告投放、销售订单竞标
采购总监（CPO）	集中采购、运输、配送及记录录入	采购、运输、配送决策
门店经理（SM）	专卖店、代理商、大卖场的管理资金、应收应付账款管理	订单录入、销售交货、门店资金、账务管理、库存管理、配送管理

2.2　制定公司的发展战略

公司成立以后，经营班子需要思考并解决的第一个问题就是，如何制定公司的发展战略？可以说，不同的发展战略决定了不同的运营模式，也在很大程度上决定了公司经营业绩的最终排名。影响公司战略的因素有很多，其中最重要的就是公司的目标（愿景）和核心价值观。在战略规划的过程中，公司愿景始终指引着战略制定的方向；而核心价值观引导着战略的思考方式以及执行策略。影响战略制定的另一个因素是外部环境。这个外部环境，包括宏观环境和产业环境。宏观环境主要是看区域的经济状况以及每个经济周期的经济状况；产业环境则可以借鉴波特的五力模型，它主要包括供应商、客户、竞争者、替代者以及潜在的竞争者。

就本实验而言，虚拟公司经营班子在制定发展战略的时候，应该主要考虑以下几个方面的内容：

（1）公司是要做大做强，还是要做专做精？

（2）公司要做全域市场，还是做区域市场？

（3）公司要成为市场的领导者，还是市场的跟随者？

（4）公司要销售所有的商品，还是只销售其中的部分商品？

（5）公司是走高端市场路线，还是走低端市场路线？

（6）公司是建立自己的直销体系，还是利用市场的分销体系？

可以看出，不同的发展战略决定了各个公司不同的经营风格和经营思路。如果公司立志想成为全国一流企业，那么其发展战略就是要做大做强，做全域市场，并且成为市场的领导者；如果公司只定位在一个区域市场发展，则应该做专做精，做市场的跟随者。

2.3 ERP 沙盘盘面介绍

2.3.1 盘面总体介绍

目前流行的商业沙盘主要包括金蝶、用友等公司开发的产品。各个沙盘的盘面设计大同小异，以下就以金蝶商业沙盘的盘面为例进行介绍。总体盘面如图 2.2 所示。

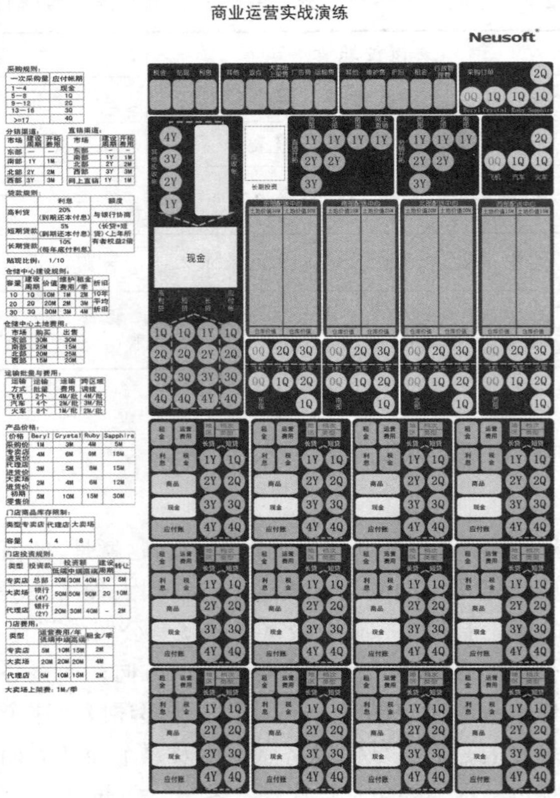

图 2.2 金蝶 ERP 沙盘盘面示意图

盘面共分为四个区域：资金账务操作区、营销操作区、采购配送操作区、门店运营操作区。

2.3.2 资金账务操作区

资金账务操作区是由财务总监来进行操作的区域，是公司总部现金和账务筹码移动的区域，直观地反映了公司总部的经营资金和账务状况，如图 2.3 所示。

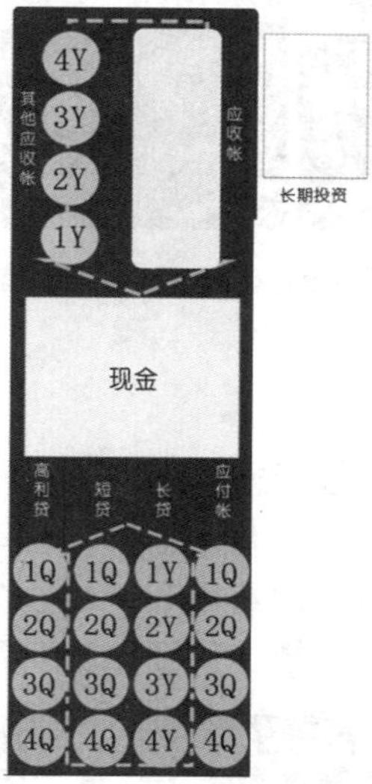

图 2.3 金蝶 ERP 沙盘资金账务操作区示意图

2.3.3 营销操作区

营销操作区是由营销总监来进行操作的区域，是公司总部运作和营销现金筹码移动的区域，直观地反映了公司总部的运营费用和市场开拓费用，如图 2.4 所示。

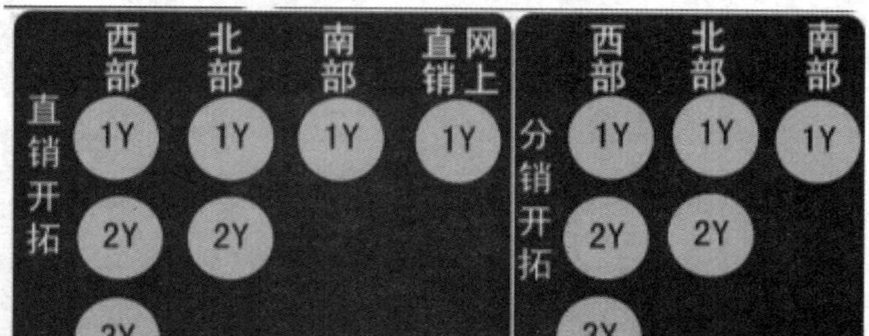

图 2.4 金蝶 ERP 沙盘营销操作区示意图

2.3.4 采购配送操作区

采购配送操作区是由采购总监来进行操作的区域，是公司总部采购订单筹码和配送货物筹码移动的区域，直观地反映了公司总部的订单数量、在途商品、库存商品的数量和价值，如图 2.5 所示。

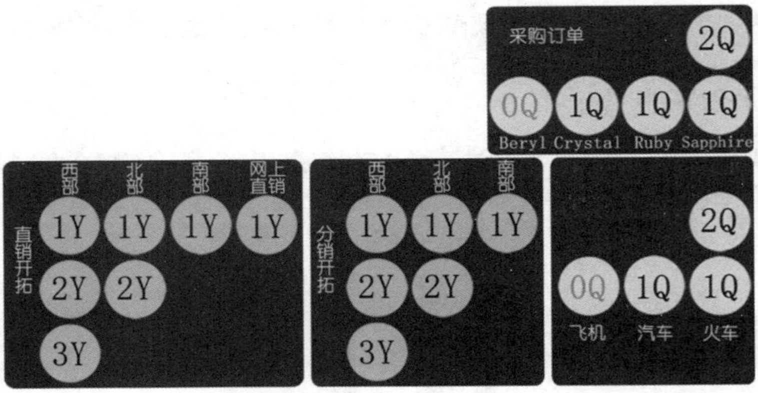

图 2.5　金蝶 ERP 沙盘采购配送操作区示意图

2.3.5　门店运营操作区

门店运营操作区是由门店经理来进行操作的区域，是门店进行商品入库、销售、货款结算、应付账款冲销等货物筹码、现金筹码和账务筹码移动的区域，直观地反映了公司各个门店的销售订单执行情况、门店库存商品的数量和价值、门店现金和账务等资产的状况。门店分为东部、南部、西部和北部四个子区域，如图 2.6 所示。

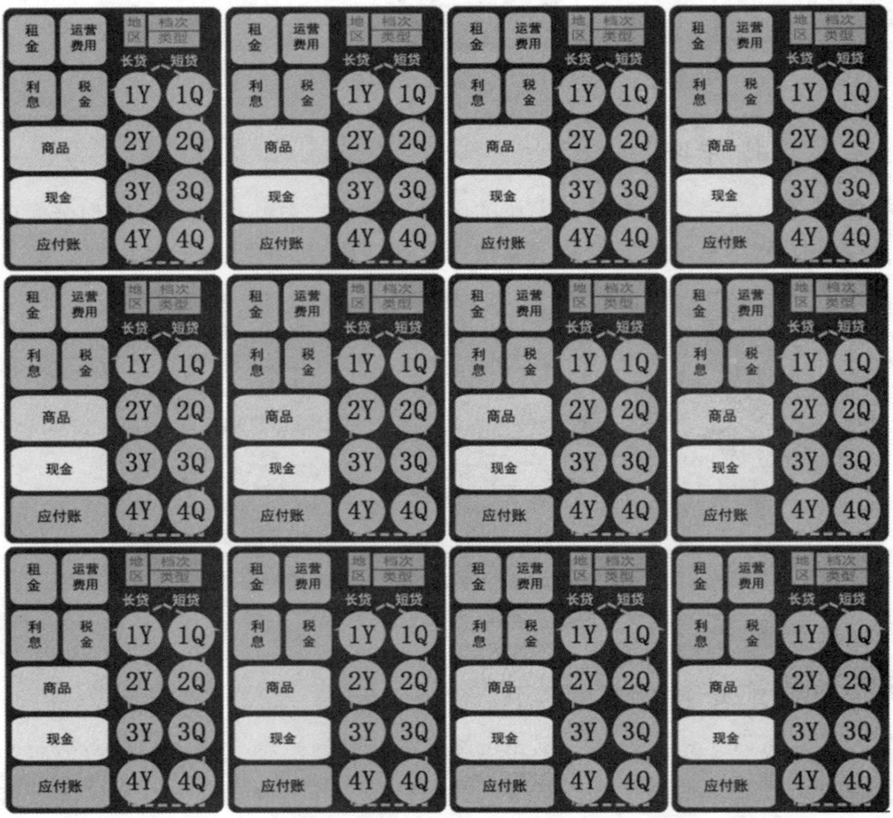

图 2.6　金蝶 ERP 沙盘门店运营操作区示意图

2.3.6 经营班子座位安排

在模拟经营过程中，为了方便对沙盘进行操作，需要对经营班子各个角色的座位进行合理安排。CEO 坐在沙盘的正下方，便于总揽全局、控制整个盘面；CFO（财务总监）坐在沙盘的左上侧，靠近资金账务操作区，便于对现金和账务筹码进行操作；COO（营销总监）坐在盘面的正上方，靠近营销操作区，便于对公司运营和市场开拓等现金筹码进行操作；CPO（采购总监）坐在盘面的右上侧，靠近采购配送操作区，便于对订单筹码和商品筹码进行操作。如果 SM（门店经理）有多位，可以分别坐在盘面的左右下侧，便于对门店的相关筹码进行操作。具体的座位分布如图 2.7 所示。

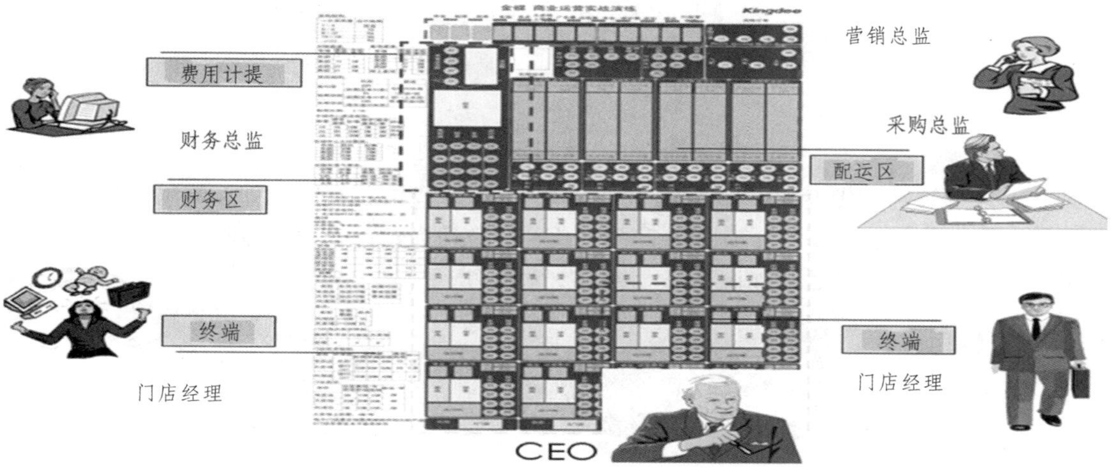

图 2.7　金蝶 ERP 沙盘经营角色座位示意图

2.3.7 模拟经营的筹码

ERP 沙盘的模拟经营流程和经营成果是通过一系列筹码的分配和移动来体现的。经营的筹码一共分为四类：现金筹码、债务筹码、商品筹码、订单筹码。

（1）现金筹码，代表一定数量的现金。ERP 沙盘中共有三种面值的现金筹码：第一种是白色的，面值为 0.5M，代表 50 万元现金；第二种是灰色的，面值为 1M，代表 100 万元现金；第三种是紫红色的，面值为 10M，代表 1000 万元现金。各种现金筹码示意图如图 2.8 所示。

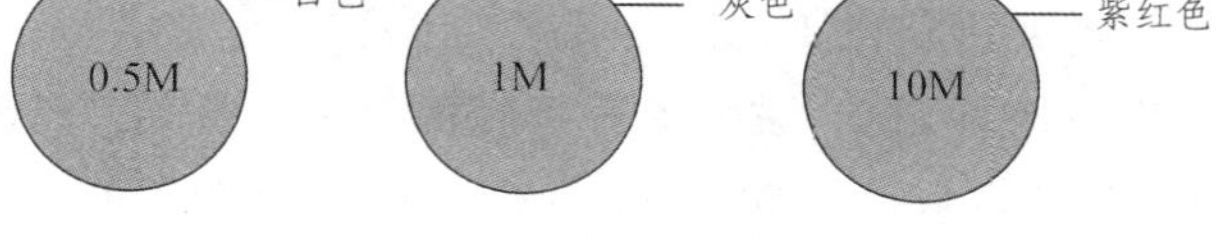

图 2.8　ERP 沙盘现金筹码示意图

（2）债务筹码，代表一定数量的债务。ERP 沙盘中共有两种面值的债务筹码：一种是褐红色的，面值为 1M，代表 100 万元负债；另一种是红色的，面值为 10M，代表 1000 万元负债。各种债务筹码示意图如图 2.9 所示。

图 2.9　ERP 沙盘债务筹码示意图

（3）商品筹码，代表某一种类的商品。ERP 沙盘中共有四种商品筹码，分别代表 A、B、C、D 四种商品，颜色均为蓝色，一个筹码表示一个该类商品。各种债务筹码示意图如图 2.10 所示。

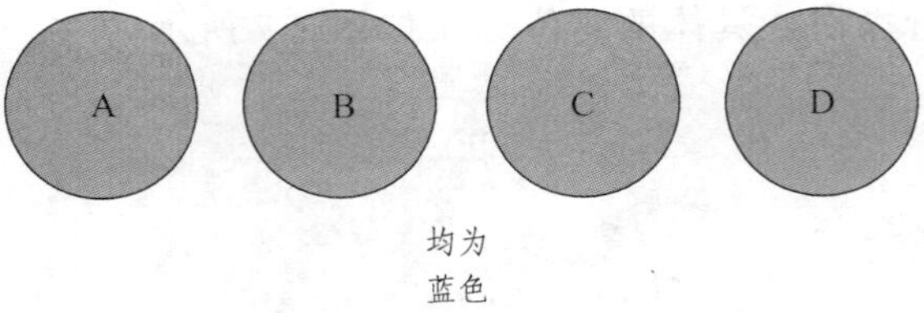

图 2.10　ERP 沙盘商品筹码示意图

（4）订单筹码，代表某一种类的商品订单。ERP 沙盘中共有四种订单筹码，与四种商品相对应，分别代表 A、B、C、D 四种商品订单，颜色均为黄色，一个筹码表示一个该类商品订单。各种债务筹码示意图如图 2.11 所示。

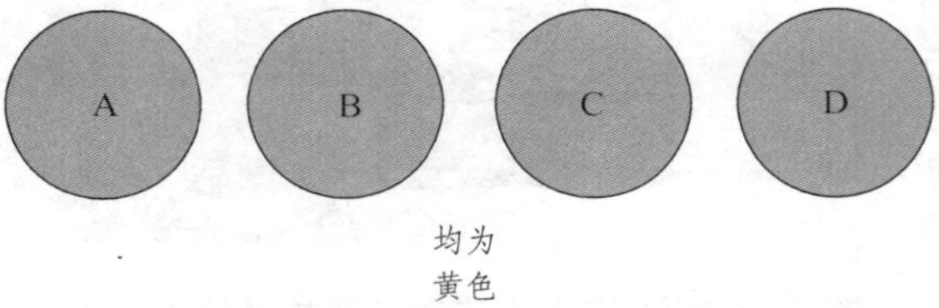

图 2.11　ERP 沙盘订单筹码示意图

2.4　ERP 沙盘经营流程

一个完整的年度经营流程包括年初任务、季度任务、年末任务以及报表编制四个部分。年初任务、季度任务、年末任务的对应操作必须在当年的任务清单中做相应记录。

2.4.1　年初任务

每年年初，虚拟公司需要进行以下内容的操作：制订本年度营销计划（包括门店投资计划、商品定价计划、广告投放计划）、缴纳上一年度税金（含公司总部和所有门店的）、缴纳广告费、参加该年度的所有销售订单竞标工作、根据全年的销售订单填写“销售订单登记表”、合理安排当年新门店建设期、合理安排采购订单的下达计划、合理安排货运配送计划以及仓库建设或租赁计划等。年初任务流程如图 2.12 所示。

“销售订单登记表”是用来登记和计算本年度所有获得的订单类型、数量、交货时间、订单收入、订单成本以及订单毛利的表格，如表 2.2 所示。该表格是计算各个门店销售收入、成本和利润的重要凭据，因此，在正式开始当年度的经营任务之前，必须认真细致地填写好“销售订单登记表”。

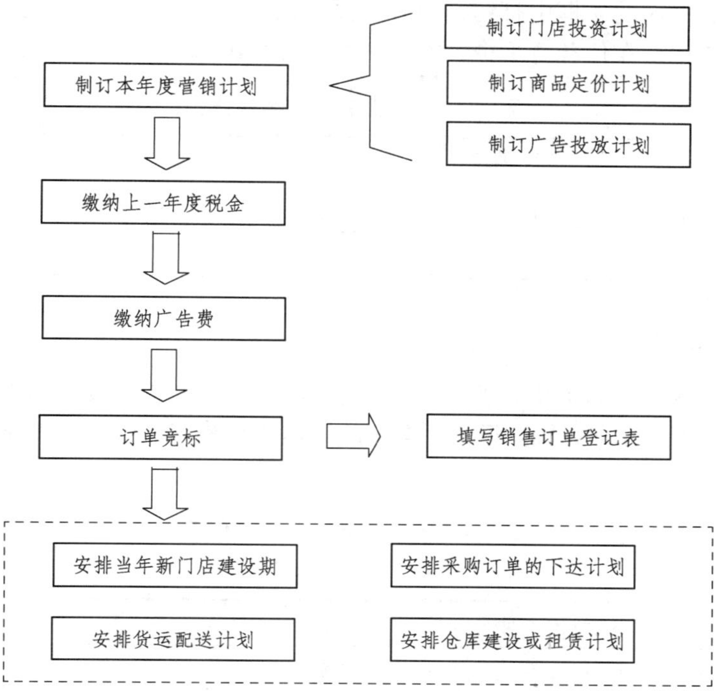

图 2.12　ERP 沙盘年初任务流程

表 2.2　销售订单登记表

市场区域	东　部	东　部	东　部	东　部
交货时间	Q1	Q2	Q3	Q4
门店类型	专卖店	专卖店	专卖店	专卖店
产品名称	C	C	C	C
门店进货价	6	6	6	6
零售价	10	10	10	10
订单数量	2	2	2	2
订单销售额	20	20	20	20
订单成本	12	12	12	12
订单毛利	8	8	8	8

在年初任务中，难度最大的工作包括合理安排采购订单的下达计划、合理安排货运配送的计划等。这两项工作涉及整个年度的经营计划，如果计划不到位，就会出现因无法履行销售订单面临罚款，或者出现支付高昂运费来强行交单造成亏损。一些有经验的经营团队甚至还要对下一年度的市场进行预测并合理安排库存以争取更多的订单。可以说，这部分工作是对经营班子宏观预测和控制能力、统筹规划能力、仓储配送规划能力的考验。年初任务很好

地完成以后，后续的季度任务、年末任务等就能顺理成章、按部就班地完成了。

年初任务对应在任务清单上的操作如表 2.3 所示。任务清单的操作规则为，如果存在该项操作，就在后面对应的方框中打钩，如有必要，还可在方框后记录其他重要数字信息。其他年初任务不需要记录在任务清单中，操作者可以另行记录。

表 2.3 任务清单——年初任务

总部	（1）缴纳上一年度税金 （2）缴纳广告费 （3）登记销售订单	□ □ □
门店	（4）缴纳上一年度税金	□

2.4.2 季度任务

季度任务是主要的经营流程，所有销售订单的履行都在季度任务中完成。季度任务按照第一、二、三、四季度分别完成。每一个季度的操作流程是相同的，一共分为 24 个步骤。详细的操作流程如表 2.4 所示。

表 2.4 任务清单——季度任务

		季度一	季度二	季度三	季度四
门店	1. 更新短期贷款/还本付息/申请短期贷款	□	□	□	□
总部	2. 更新短期贷款/还本付息/申请短期贷款	□	□	□	□
	3. 更新应付账款/归还应付账款	□	□	□	□
	4. 租用新仓库/支付仓库租金/新建仓库	□	□	□	□
	5. （采购环节）运输入库/更新运输	□	□	□	□
	6. 更新采购订单/采购订单交付货运	□	□	□	□
	7. 支付采购货款/采购货款挂应付账款	□	□	□	□
	8. 支付（采购环节）运输费用	□	□	□	□
	9. 下采购订单	□	□	□	□
	10. 决策投资新门店/变卖门店	□	□	□	□
	11. 支付专卖店投资款	□	□	□	□
	12. 支付大卖场上架费	□	□	□	□
门店	13. 接受初始投资款或贷款	□	□	□	□
总部	14. 仓库（配送环节）更新运输	□	□	□	□
门店	15. 收取总部配送商品，付现或挂应付账款	□	□	□	□
总部	16. 收取代理货款	□	□	□	□
门店	17. 向总部申请配货	□	□	□	□
总部	18. 仓库配送商品，挂应收账款（代理不挂）	□	□	□	□
	19. 支付（配送环节）运输费	□	□	□	□
门店	20. 按销售订单交货，收取货款	□	□	□	□
	21. 支付总部应付账款，冲销应付账款	□	□	□	□
总部	22. 收取门店销售货款，冲销应收账款	□	□	□	□
门店	23. 支付租金	□	□	□	□
总部	24. 支付行政管理费	□	□	□	□

（1）（门店）更新短期贷款/还本付息/申请短期贷款：在每个季度初期，各个门店根据本季度的资金收入和支出预算计划，来决定是否需要申请短期贷款。如果需要则进行短期贷款申请；如果以前季度存在短期贷款，则本季度需要更新贷款状态；如果贷款到期，则完成还本付息的操作。有关短期贷款的规则将在第四章进行介绍。例如，需要在第一季度申请短期贷款 10M，则盘面上的操作为：从指导教师处获得 10M 的现金筹码放入相应门店财务区的现金池内；同时，在门店财务区短期贷款 4Q 点放入 10M 的债务筹码，对应的任务清单操作如表 2.5 所示。

表 2.5　申请短期贷款操作举例

		季度一	季度二	季度三	季度四
门　店	1. 更新短期贷款/还本付息/申请短期贷款	√申请短贷 10M	□	□	□

（2）（总部）更新短期贷款/还本付息/申请短期贷款：总部的短期贷款操作与门店的操作相同，根据需要进行相应的操作即可。

（3）（总部）更新应付账款/归还应付账款：当总部存在应付账款的时候，如果未到期，则更新应付账款的状态；如果已到期，则归还应付账款。在沙盘模拟经营中，总部的应付账款主要体现在商品的采购货款方面。什么情况下允许挂应付账款，将在第四章采购规则中进行介绍。

（4）（总部）租用新仓库/支付仓库租金/新建仓库：在本季度，公司经营班子根据订单交货情况和仓库存货状况，来决定是否要新建仓库或者直接租用仓库。如果在以前季度已经租用了仓库的，而本季度打算继续租用，则应该支付仓库租金。仓库租金按季度支付，盘面操作是，从总部现金池中取出所要支付的租金放入总部运营区（最上一排）的租金栏目中。如果是新建仓库，则需要支付土地购买费和仓库建设费，并且自建仓库有一个季度的建设期。

（5）（总部）（采购环节）运输入库/更新运输：这一步对应总部采购区蓝色商品筹码的移动。当该季度中有采购的商品已运输到货，则需要把到货的商品入库，对应到盘面的操作，即把运输环节的蓝色商品筹码移入对应的仓库中。如果商品还在运输途中，没有到达目的地，则需要更新商品的运输状态。更新运输一般是在使用火车运输的情况下才会出现，因为火车的运输周期为两个季度（2Q），在第一个季度的时候就会出现更新运输的操作。

（6）（总部）更新采购订单/采购订单交付货运：这一步对应总部采购区黄色订单筹码的移动。如果采购订单还未到交货期，则需要更新订单的采购状态。更新订单一般是在采购 A 商品的时候才会出现，因为 A 商品的采购周期为两个季度（2Q），在第一个季度的时候就会出现更新采购订单的操作。如果采购订单已到交货期，则需要把采购订单的黄色筹码换成对应商品的蓝色筹码放入采购运输区进行操作。

（7）（总部）支付采购货款/采购货款挂应付账款：如果第六个步骤存在采购订单交付货运，即出现黄色筹码更换成蓝色筹码的操作，则在本步骤中就必须要支付采购货款。如果是现金支付，则对应的盘面操作为从总部现金池里面取出相应商品采购货款的现金筹码。如果满足挂应付账款的条件，则对应的盘面操作为，在总部财务区应付账款栏中相应季度的圆点上放入对应商品货款的红色债务筹码。

（8）（总部）支付（采购环节）运输费用：与第七步类似，如果第六步存在采购订单交付货运，即出现黄色筹码更换成蓝色筹码的操作，在本步骤中还需要支付运输费用，根据采用的运输方式计算出运输费用。对应的盘面操作为，从总部现金池里取出相应的现金筹码放到盘面营运区（最上面一排）的运输费栏目中。

（9）（总部）下采购订单：根据年初任务中采购订单的统一安排，如果在当前季度需要下订单，则对应的盘面操作是从指导教师处领取相应订单的黄色筹码放入盘面采购区域各个商品采购期的圆点中。其中，D 商品的采购期为 0Q，即没有采购周期，即付即收；C 商品和 B 商品的采购期为 1Q，即本季度下订单后，需要下一季度才能交货；A 商品的采购期为 2Q，即本季度下订单后，需要再过两个季度才能交货。正因为各种商品的采购期存在差异，所以需要经营者在安排订单下达时间、选择运输方式等环节精心设计和统筹考虑。

（10）（总部）决策投资新门店/变卖门店：如果在当前季度需要建设新门店或变卖门店，则该步骤存在操作。可在任务清单的方框中打钩，并写上门店类型和数量。

（11）（总部）支付专卖店投资款：如果投资的门店是专卖店，则在本步骤中支付相应专卖店的投资款。因为专卖店属于直销体系，由总部直接投资建设。而另两种门店 ——代理店和大卖场属于分销体系，由门店向银行贷款建设。总部支付投资款的盘面操作为，从总部财务区的现金池里拿取所需的现金筹码，放入总部财务区的长期投资栏内。

（12）（总部）支付大卖场上架费：对于已经开张的大卖场，这一步只针对开设了大卖场的情况，总部需要向每家大卖场租赁方支付每个季度 1M 的上架费。如果大卖场还处于建设期，则不需要支付。对应的盘面操作为，从总部现金池里取出相应的现金筹码放到盘面营运区（最上面一排）的上架费栏目中。

（13）（门店）接受初始投资款或贷款：这一步由门店进行操作，如果是专卖店，则接受总部的投资款。具体的盘面操作为，从指导教师处领取专卖店的标牌放在相应的空白门店处，有字的一面朝下，等到建设期结束可以开张的时候再翻开。如果是代理店或大卖场，则接受银行长期贷款。具体的盘面操作为，从指导教师处领取标牌放在相应的空白门店处，有字的一面朝下，等到建设期结束可以开张的时候再翻开。同时，领取与门店相对应的红色债务筹码放在门店长期贷款区的相应年份上，代理店的长贷为 2 年期，大卖场的长贷为 4 年期。因此，如果建设的是代理店，则红色筹码应放在门店长期贷款的 2Y 圆点上；如果建设的是大卖场，则红色筹码应放在门店长期贷款的 4Y 圆点上。

（14）（总部）仓库（配送环节）更新运输：总部有两次运输，一次是采购环节的运输，对应的是从供应商处购买商品并运输到仓库的过程；另一次是商品配送的运输，对应的是总部把商品从总部仓库运送到各个地区门店仓库的过程。因此，第五步操作针对的是总部采购环节的更新运输，而第十四步操作针对的是总部配送环节的更新运输。两次更新运输的方法是一样的，如果商品还在运输途中，没有到达目的地门店，则需要更新商品的运输状态。更新运输一般是在使用火车运输的情况下才会出现，因为火车的运输周期为两个季度（2Q），在第一个季度的时候就会出现更新运输的操作。如果商品已经到达目的地门店，则需要进行第十五步操作，门店运输入库。

（15）（门店）收取总部配送商品，付现或挂应付账款：如果发往门店的商品已经送达，则需要对商品进行入库操作，并支付货款或挂应付账款。具体的盘面操作为，把蓝色商品筹码放入对应门店的仓库，同时，如果门店类型是代理店，则直接用现金支付货款，对应的操作是从代理店现金池里取出与入库商品等值的现金筹码直接放入总部现金池内。如果门店类型是专卖店或大卖场，则可以向总部挂应付账款，对应的操作是在门店应付账款栏内添加与入库商品等值的红色负债筹码。此处等值是按照门店向总部的采购价来计算的。不要误认为是总部的采购价，否则就会出现错误。应付账款的冲销可以等到该商品销售并收取货款以后再进行。

（16）（总部）收取代理货款：这一步只针对代理店的付款操作。如果门店类型为代理店，在第十五步就有直接用现金支付货款的操作，则对应到这一步，总部有一个收取代理货款的操作。由于现金转移已经完成，因此这一步只需要在任务清单上做相应的等级即可。

（17）（门店）向总部申请配货：门店经理根据当前库存以及后续订单的销售情况，来决定在本季度内是否需要向总部申请配货。在第三、四季度，还需要预测下一年度的销售订单并提前备货。如果需要订货，则在任务清单第十七步对应的方框内打钩，并注明发货的种类和数量。

（18）（总部）仓库配送商品，挂应收账款（代理不挂）：第十八、十九步操作对应第十七步操作。如果第十七步有操作，则第十八、十九步也必然存在操作；如果第十七步没有操作，则第十八、十九步也必然不会有操作。这是经营者在进行流程控制中需要把握的一个技巧。总部根据门店申请配货的种类和数量进行相应批次的配送，并根据配送时限选择最合理的运输方式。出库的操作是，把要出库的蓝色商品筹码从仓库里取出，放在配送环节货运区对应的运输方式圆点上。在出库的同时，如果申请配货的门店是专卖店或大卖场，则总部挂应收账款。具体的操作是，从指导教师处领取与出库商品等值的现金筹码放在总部财务区的应收账款栏内。等值的概念也是按照门店向总部的采购价来进行计算的。如果门店类型是代理店，则总部不需要挂应收账款，在商品送达门店入库时直接由代理店支付现金，具体操作见第十五步。

（19）（总部）支付（配送环节）运输费：选择好商品的运输方式并发货以后，要支付相应的运输费用。对应的盘面操作为，根据采用的运输方式计算出运输费用，从总部现金池里取出相应的现金筹码放到盘面营运区（最上面一排）的运输费栏目中。在做完本次步骤后，还需要做另外一项重要的工作，即填写“总部配送记录表”。该表是在年末制订总部年终报表时计算总部收入的重要依据。如果在总部出库时忘记填写“总部配送记录表”，将会使编制总部财务报表的工作变得十分困难，而且容易出错。因此，经营者在操作时应记住，只要存在总部出库的操作，在完成第十九步的时候，一定要填写“总部配送记录表”。具体的表格如表 2.6 所示。

表 2.6　总部配送记录表

市　场	东　部					
季　度	Q2					
门店名称	专卖店					
产品名称	C					
总部采购价	3					
门店进货价	6					
配送数量	2					
总部销售额	12					
总部成本	6					
总部毛利	6					

（20）（门店）按销售订单交货，收取货款：在这一步中，各个门店依次执行本季度的所有销售订单，按订单交货，并收取货款。具体的盘面操作是，从门店仓库中取出欲销售的商品到指导教师处换取货款现金筹码并放入门店现金池内。（货款 = 商品销售单价×商品数量。）

（21）（门店）支付总部应付账款，冲销应付账款：专卖店或大卖场收到销售货款以后，应该向总部冲销应付账款。具体的操作是，门店从现金池内取出与商品进价成本等值的现金筹码，同时从应付账款栏中取出相同数量的红色债务筹码，一并交到指导教师处。冲销的货款按本门店销售的商品数量来计算，卖了多少商品就冲销多少应付账款，没有销售的商品不需冲销。如果门店是代理店，则不需要此步操作。

（22）（总部）收取门店销售货款，冲销应收账款：门店冲销应付账款后，则总部也必然要冲销应收账款，且总部冲销的应收账款必须与各个门店冲销的应付账款总和相等。具体的盘面操作是，计算出应冲销的应收账款后，从总部财务区应收账款栏中取出相应的现金筹码放入总部现金池内。这里要注意的是，切忌直接从门店拿取现金放入总部现金池，而必须采取的操作是，将门店现金上缴给指导教师，总部从应收账款栏中转移现金到总部现金池内。

（23）（门店）支付租金：在每季度末，门店需要支付本季度的租金。不同类型的门店租金是不一样的，其中专卖店和代理店的租金是 2M/季度，大卖场的租金是 4M/季度。支付租金的盘面操作是，从门店现金池内取出相应租金放到门店运营区的租金栏内。

（24）（总部）支付行政管理费：这是季度任务的最后一步操作，由总部支付行政管理费。行政管理费的金额为 1M/季度。具体的盘面操作是，从总部现金池内取出 1M 现金放到总部运营区（最上面一排）的行政管理费栏内。

2.4.3 年末任务

四个季度的经营任务依次完成以后，经营流程就进入了年末任务。年末任务包括门店支付运营费用、更新长期贷款/支付利息、清盘。总部的年末任务包括更新长期贷款/申请长期贷款/支付利息、支付仓库维护费、计提折旧、开拓渠道、门店损失记入坏账、调整与门店的结算比例、关账等。具体内容如表 2.7 所示。

表 2.7 任务清单——年末任务

门店	1. 支付运营费用	□
	2. 更新长期贷款/支付利息	□
	3. 清盘	□
总部	4. 更新长期贷款/申请长期贷款/支付利息	□
	5. 支付仓库维护费	□
	6. 计提折旧	□
	7. 开拓渠道（直销/分销）	□
	8. 门店损失记入坏账	□
	9. 调整与门店的结算比例	□
	10. 关账	□

（1）（门店）支付运营费用：每年年底，所有门店需要分别支付全年的运营费用。不同类型不同档次的门店，运营费用也是不一样的。三种门店的运营费用明细如表 2.8 所示。

支付运营费用的盘面操作是，从各个门店的现金池内取出相应现金筹码放入门店运营区的运营费用栏内。

表 2.8　门店运营费用明细表

类　型	运营费/[M/（年·家）]		
	低端	中端	高端
专卖店	5	10	15
代理店	5	10	15
大卖场	20	20	20

（2）（门店）更新长期贷款/支付利息：如果门店存在长期贷款，则在每年年末要更新贷款状态，并支付利息。对应的盘面操作是，把长期贷款的红色筹码向前推移一格，并按照 10%的利率计算出利息，从门店现金池内取出对应现金筹码，放入门店运营区的利息栏内。

（3）（门店）清盘：结束门店的年末任务。在任务清单对应项的方框内打钩。

（4）（总部）更新长期贷款/申请长期贷款/支付利息：如果总部存在长期贷款，则在每年年末也需要更新贷款状态并支付利息。对应的盘面操作是，把长期贷款的红色筹码向前推移一格，并按照 10%的利率计算出利息，从总部现金池内取出对应现金筹码，放入总部运营区的利息栏内（最上面一排）。如果总部现金在下一年度可能出现短缺，则可以考虑申请长期贷款。申请的盘面操作是，从指导教师处领取贷款的现金筹码和同等额度的红色负债筹码，现金筹码放入总部现金池内，债务筹码放在总部长期贷款对应年份的圆点处，如果申请 2 年期贷款，则放在 2Y 圆点上；如果申请 4 年期贷款，则放在 4Y 圆点上。

（5）（总部）支付仓库维护费：对于自建的仓库，每年年底要支付的仓库维护费，按照仓库的容量不同而有差异。10 个商品容量的仓库维护费为每年 1M，20 个商品容量的仓库维护费为每年 2M，30 个商品容量的仓库维护费为每年 3M。对应的盘面操作是，根据所建仓库容量大小计算出维护费，从总部现金池内取出相应的现金筹码，放入总部运营区（盘面最上面一排）的维护费栏内。对于租用的仓库，只需要在每个季度中支付仓库租金，无须支付维护费。

（6）（总部）计提折旧：对于自建的仓库，每年年底要对仓库的价值计提折旧。折旧的方法是按 10 年平均折旧，每年折旧 10%。对应的盘面操作是，计算出需要计提的金额，从仓库现金栏中（仓库区正下方）取出相应现金筹码，放入总部运营区（最上面一排）的折旧栏。对于租用的仓库，不需要此步操作。

（7）（总部）开拓渠道（直销/分销）：每年年底，需要对以后年度新市场的开拓作出决策。如果打算在后续年度开拓南部、西部、北部市场，必须在相应年度末开拓市场。市场渠道有两种：直销和分销。直销对应的门店是专卖店，分销对应的门店是代理店和大卖场。例如，若打算下一年度在南方建设专卖店，则需要开拓南方的直销市场，对应的操作是从总部现金池内取出 1M 的现金筹码放在市场开拓区的南部直销圆点处。如果希望下一年度在南方建设代理店或大卖场，则需要开拓南方的分销市场，对应的操作是从总部现金池内取出 1M 的现金筹码放在市场开拓区的南部分销圆点处。如果需要开拓西部和北部市场，由于这两个市场的培育期都在 1 年以上，因此，在当年年末投入了市场开拓费后，以后年度仍需要继续投入开拓费用，直到打开市场。对于已经开拓成功的市场，则不需要再投入市场渠道开拓费。详细的市场渠道建设规则将在第四章介绍。

（8）（总部）门店损失记入坏账：对于因亏损比较严重而需要关闭的门店，总部需要把门店损失记入坏账。一般情况下，不建议轻易关闭门店。

（9）（总部）调整与门店的结算比例：当某个门店处于开业保护期，或者销售规模达到一定数量等情况下，总部可能会调整与门店的结算比例或结算方式。

（10）（总部）关账：结束总部的年末任务。在任务清单对应项的方框内打钩。

2.4.4 报表编制

年终任务完成后，我们需要编制公司的年终报表。由于公司总部和各门店是独立核算的，因此门店的年终报表和总部的年终报表应该分别单独编制，而年终报表又可分为损益表和资产负债表。

1. 门店报表

（1）门店损益表。损益表也叫利润表，是反映门店该年度经营状况的报表。损益表的详细内容如表 2.9 所示。

表 2.9 门店损益表（单位：百万元）

年份：　　地区：　　店名：

营业收入	
减：成本	
减：运营费用	
减：租金	
减：财务费用	
加：营业外收益	
=利润总额	
减：利润上缴（30%）	
=利润留存	
减：所得税	
=净利润	
历年利润累计	
门店初始投资额	

营业收入是指本年度该门店的销售收入总和，该收入可以通过“销售订单等级表”中的数据计算得出。

成本是指商品的进货成本，即向总部支付的采购货款，该数据也可通过“销售订单等级表”计算得出。

运营费用和租金的数据可以直接读取盘面该门店的运营费用栏内的现金筹码以及租金栏

内的现金筹码。

财务费用主要是指利息，该数据也可以直接读取盘面中该门店利息栏内的筹码。

营业外收益是指通过销售商品以外取得的收入，如转让订单、获得奖励等收入。

利润上缴（30%），是指门店需要在年末向公司总部上缴该年度利润总额的30%。其计算公式为：

上缴利润＝利润总额×30%

利润总额＝营业收入－成本－运营费用－租金－财务费用＋营业外收益

对应到盘面的操作是，从该门店的现金池内取出相应的筹码，直接放入总部的现金池内，并在损益表下方的任务清单中做好记录。如果利润为0或负值，则表示该门店经营亏损，上缴利润记为0。任务清单如表2.10所示。

表2.10　任务清单——门店上缴利润

门　店	向总部上缴税前利润的30%	□
总　部	接收门店上缴30%利润	□

所得税的税率按25%计算，其计算公式为：

所得税＝利润留存×25%

利润留存＝利润总额－上缴利润

如果利润留存为负值，表示该门店经营亏损，则所得税记为0。

净利润，即本年度该门店真正有多少收益。计算公式为：

净利润＝利润留存－所得税

历年利润累计等于上一年度的历年利润累计数再加上本年度的净利润，其计算公式为：

历年利润累计＝上一年度的历年利润累计＋净利润（本年度）

（2）资产负债表。资产负债表是反映该门店总资产与总负债以及所有者权益之间关系的财务报表，能够真实表达门店的实际价值。资产负债表的编制体现了以下会计恒等式：

总资产＝总负债＋所有者权益

这个公式也是检验资产负债表编制是否正确的标准。详细的资产负债表如表2.11所示。

表2.11　门店的资产负债表（单位：百万元）

资　产	期末数	负债及所有者权益	期末数
现　金		短期负债	
商品价值		应付账款	
固定资产		应交税金	
		长期负债	
		负债合计：	

续表

资　产	期末数	负债及所有者权益	期末数
		股东资本	
		以前年度利润	
		当年净利润	
		所有者权益合计:	
资产总计:		负债及所有者权益合计:	

左边的资产栏包括三项内容:

① 现金是指门店现金池内的现金数量，可以直接读取现金筹码。

② 商品价值是指门店仓库中库存商品的价值。其计算公式为:

商品价值 = 商品的门店进货价×商品数量

③ 固定资产是指门店的建设投资费用。对于专卖店，固定资产就是总部的投资费用；对于代理店和大卖场，固定资产就是银行的长期贷款。而

门店资产总计 = 现金 + 商品价值 + 固定资产

右边栏目是门店的负债及所有者权益，具体包括以下内容:

① 短期负债表示门店一年期以内的银行负债,读取盘面该门店短期负债栏所有红色筹码并累加，记入短期负债的年末数栏目内。

② 应付账款表示应向总部缴纳的货款，读取盘面该门店应付账款栏红色筹码的数量，记入应付账款的年末数栏目内。

③ 应交税金见该门店损益表中的所得税栏，把所得税的数值填入应交税金的年末数栏目内。

④ 长期负债表示门店一年期以上的银行负债,读取盘面该门店长期负债栏所有红色筹码并累加，记入长期负债的年末数栏目内。

⑤ 负债合计 = 短期负债 + 应付账款 + 应交税金 + 长期负债。

⑥ 股东资本只针对专卖店，并由总部直接投资，因此填入总部的投资金额即可。股东资本应该与资产栏中的固定资产相等。对于代理店和大卖场，该项数值记为 0。

⑦ 以前年度利润可查阅该门店上一年度损益表中的历年利润累计数。

⑧ 当年净利润见该门店损益表中的净利润栏,把净利润的数值填入当年净利润的年末数栏目内。

⑨ 所有者权益合计 = 股东资本 + 以前年度利润 + 当年净利润。

⑩ 负债及所有者权益合计 = 负债合计 + 所有者权益合计。

两边都计算完毕后，应该检验资产合计数与负债及所有者权益合计数是否相等。如果相等，则说明资产负债表编制正确；如果不相等，则说明中间环节存在错误。此时一定要有耐心，要逐个检查数据、复核盘面、排除错误，确保真实无误，才算完成报表的编制。

2. 总部报表

总部报表的结构与门店报表的结构大体相似，但内容上要略微复杂一些。在编制报表前，

首先要计算出总部的营业费用和管理费用。

（1）年末的营业费用，见表 2.12。

表 2.12　总部年末的营业费用（单位：百万元）

项　目	金　额
运输费	
广告费	
大卖场上架费	
代理商返点	
大卖场返点	
其　他	
营业费用合计	

① 运输费包含了由总部支付的全年的运输费用，读取盘面总部运营区（最上一排）运输费栏目中的现金筹码，并记入运输费对应的栏目中。

② 广告费是指总部在年初任务中支付的广告宣传费用，读取盘面总部运营区（最上一排）广告费栏目中的现金筹码，并记入广告费对应的栏目中。

③ 大卖场上架费是总部向大卖场租赁方支付的上架费，读取盘面总部运营区（最上一排）大卖场上架费栏目中的现金筹码，并记入大卖场上架费对应的栏目中。

④ 代理商返点和大卖场返点是指当这两种门店全年的销售额达到一定数量后，公司总部需要向分销商支付一定的返点。返点的费用可读取盘面总部运营区（最上一排）返点栏目中的现金筹码，并记入代理商返点和大卖场返点对应的栏目中。

⑤ 其他是指其他非上述项目发生的费用，如罚款等费用。

⑥ 营业费用合计 = 运输费 + 广告费 + 大卖场上架费 + 代理商返点和大卖场返点+其他。

（2）年末的管理费用，如表 2.13 所示。

表 2.13　总部年末的管理费用（单位：百万元）

项　目	金　额
行政管理费	
建筑租金	
渠道建设费	
折旧费	
维护费	
其　他	
管理费用合计	

① 行政管理费是一个固定数值，每季度 1M，全年为 4M。具体数值也可读取盘面总部运营区（最上一排）行政管理费栏目中的现金筹码，并记入行政管理费对应的栏目中。

② 建筑租金主要是指仓库租金，读取盘面总部运营区（最上一排）租金栏目中的现金筹码，并记入建筑租金对应的栏目中。

③ 渠道建设费是指在年末任务中产生的市场渠道开拓费用，读取盘面总部市场渠道开拓区中所有栏目的现金筹码并累加，把累加后的数值记入渠道建设费对应的栏目中。

④ 折旧费是指自建仓库每年发生的折旧费用，读取盘面总部运营区（最上一排）折旧栏目中的现金筹码，并记入折旧费对应的栏目中。

⑤ 维护费是指自建仓库每年发生的维护费用，读取盘面总部运营区（最上一排）维护费栏目中的现金筹码，并记入维护费对应的栏目中。

⑥ 其他是指其他非上述项目发生的费用。

⑦ 管理费用合计 = 行政管理费 + 建筑租金 + 渠道建设费 + 折旧费 + 维护费 + 其他。

（3）总部损益表。公司总部的损益表与门店的损益表结构类似，详细内容如表 2.14 所示。

表 2.14　总部的损益表（单位：百万元）

项　目	金　额
主营业务收入	
减：主营业务成本	
=主营业务利润	
减：营业费用	
减：管理费用	
减：财务费用	
=营业利润	
加：营业外净收益	
加：长期投资收益	
=利润总额	
减：所得税	
=净利润	
以前年度利润	

① 主营业务收入可通过“总部配送记录表”中的数值计算得到，是公司总部销售给各门店的收入总和。

② 主营业务利润 = 主营业务收入 – 主营业务成本。

主营业务成本是指总部本年度采购商品支付的采购货款总额。该项目可根据今年总部已成交的采购订单计算得出。

③ 营业利润 = 主营业务利润 – 营业费用 – 管理费用 – 财务费用。

营业费用通过前述的年末营业费用表中计算出来的数据获得。

管理费用通过前述的年末管理费用表中计算出来的数据获得。

财务费用主要是指利息，通过计算盘面总部财务区最上面一排的利息栏中的现金筹码获得。

④ 长期投资收益是指各门店上缴利润的 30%给总部的这部分收益的总和。

⑤ 利润总额 = 营业利润 + 营业外净收益 + 长期投资收益。

营业外净收益一般是指通过其他方式获得的收入，如接受奖金。

⑥ 净利润 = 利润总额 – 所得税。

所得税 = 利润总额×25%。

如果利润总额是负值，则说明出现亏损，所得税记为 0。

⑦ 以前年度利润是个累计值，其值为上一年度损益表中的“以前年度利润”和“净利润”之和。

（4）总部资产负债表。公司总部的资产负债表内容要多于门店的资产负债表内容，具体内容如表 2.15 所示。

表 2.15　总部的资产负债表（单位：百万元）

资　产	期末数	负债及所有者权益	期末数
流动资产		负债	
现金		短期负债	
应收账款		应付账款	
在途商品		应交税金	
库存商品		长期负债	
流动资产合计：		负债合计：	
长期投资			
长期投资合计：			
固定资产		所有者权益	
土地建筑净值		股东资本	
房屋净值		以前年度利润	
在建工程		当年净利润	
固定资产合计：		所有者权益合计：	
资产总计：		负债及权益总计：	

资产栏包括流动资产、长期投资和固定资产，这三项资产之和构成资产总计。负债及所

有者权益由负债和所有者权两项组成。具体如下：

① 流动资产又分为现金、应收账款、在途商品和库存商品。其中，现金通过读取总部现金池中的筹码获得；应收账款通过读取总部应收账款栏中的筹码获得；在途商品价值 = ∑（在途商品数量×商品采购价）；库存商品价值 = ∑（库存商品数量×商品采购价）。在途商品可通过读取盘面处于采购运输途中的商品数量获得。对于仓库配送环节的在途商品，如果是发往专卖店或大卖场的商品，因为在出库的时候已经挂了应收账款，因此无须记入在途商品；如果是发往代理店的商品，因为出库没有挂应收账款，则这部分商品应该记入在途商品。而把总部仓库中的各种库存商品的价值累加就得出库存商品的价值。所以，

流动资产合计 = 现金 + 应收账款 + 在途商品 + 库存商品

② 长期投资是指总部投资专卖店的投资总额。由于代理店和大卖场是通过银行贷款进行建设的，因此不算作公司总部的长期投资。

③ 固定资产包括土地建筑净值、房屋净值和在建工程三项，在本实验中主要是指自建仓库。其中，土地建筑净值通过读取盘面自建仓库上方的筹码获得；房屋净值通过读取盘面自建仓库下方的筹码获得；在建工程是指正处于建设期还未投入使用的仓库建筑，这个数值就是建设该仓库所投入的建设费用。所以，

固定资产合计 = 土地建筑净值 + 房屋净值 + 在建工程

资产总计 = 流动资产合计 + 长期投资合计 + 固定资产合计

④ 负债由短期负债、应付账款、应交税金和长期负债四部分构成。其中，短期负债通过读取盘面总部财务区短期负债栏的筹码获得；应付账款通过读取盘面总部财务区应付账款栏的筹码获得；应交税金由公司损益表中“所得税”一栏中的数据得出；长期负债通过读取盘面总部财务区长期负债栏的筹码获得。所以，

负债合计 = 短期负债 + 应付账款 + 应交税金 + 长期负债

⑤ 所有者权益包括股东资本、以前年度利润和当年净利润三个部分。其中，股东资本是公司成立时由股东投入的资本总额，这是一个固定数值，只要出资额确定了，这个数值就不会改变（在本实验中，这个数值为 132M）；以前年度利润由公司损益表中“以前年度利润”一栏中的数据得出；当年净利润由公司损益表中“净利润”一栏中的数据得出。所以，

所有者权益合计 = 股东资本 + 以前年度利润 + 当年净利润

负债及所有者权益总计 = 负债合计 + 所有者权益合计

该项数值必须和资产负债表左边的资产总计的值相等。如果出现不相等的情况，则说明中间环节存在错误，要逐个仔细检查数据、复核盘面、排除错误，直到真实无误，才算完成总部报表的编制。

复习思考题

1. 简答题。

（1）简述虚拟公司经营班子的角色分配与工作职责划分。

（2）简述 ERP 沙盘的盘面分布及功能。

2. 论述题。

（1）试论述 ERP 沙盘的经营流程及注意事项。

（2）试分别编制门店和总部的年终报表，并阐述各项内容的含义。

3　ERP 商业沙盘初始年经营

【学习目标】

知识目标：了解 ERP 沙盘的角色定位、分工以及操作内容；进一步熟悉和掌握商业沙盘盘面的布局、含义以及模拟经营的流程。

技能目标：体验商业沙盘的操作内容，熟悉资金筹码、债务筹码和商品筹码的作用以及在盘面中移动的含义；学会编制财务报表，了解利润表和资产负债表的内容以及它们之间的关系。

3.1　销售订单记录表

销售订单记录表如表 3.1 所示。

表 3.1　销售订单记录表

市　场	东部	东部	东部	东部				
季　度	Q1	Q2	Q3	Q4				
门店类型	专卖店	专卖店	专卖店	专卖店				
产品名称	C	C	C	C				
门店进货价								
零售价	10	10	10	10				
订单数量	2	2	2	2				
订单销售额								
订单成本								
订单毛利								

3.2　总部配送记录表

总部配送记录表如表 3.2 所示。

表 3.2　总部配送记录表

市　场	东部	东部	东部	东部				
季　度	Q1	Q2	Q3	Q4				
门店名称	专卖店 1		专卖店 1					
产品名称	C		C					
总部采购价	3		3					
门店进货价	6		6					

续表

市　场	东部	东部	东部	东部				
配送数量	4		4					
总部销售额								
总部成本								
总部毛利								

3.3　任务清单

任务清单如表 3.3 ~ 3.5 所示。

表 3.3　年初任务清单

总　部	1. 缴纳上一年度税金 2. 缴纳广告费 3. 登记销售订单	□ □ □
门　店	4. 缴纳上一年度税金	□

表 3.4　季度任务清单

		季度一	季度二	季度三	季度四
门 店	1. 更新短期贷款/还本付息/申请短期贷款	□	□	□	□
总 部	2. 更新短期贷款/还本付息/申请短期贷款 3. 更新应付账款/归还应付账款 4. 租用新仓库/支付仓库租金/新建仓库 5. （采购环节）运输入库/更新运输 6. 更新采购订单/采购订单交付货运 7. 支付采购货款/采购货款挂应付账款 8. 支付（采购环节）运输费用 9. 下采购订单 10. 决策投资新门店/变卖门店 11. 支付专卖店投资款 12. 支付大卖场上架费	□ □ □ □ □ □ □ □ □ □ □	□ □ □ □ □ □ □ □ □ □ □	□ □ □ □ □ □ □ □ □ □ □	□ □ □ □ □ □ □ □ □ □ □
门 店	13. 接受初始投资款或贷款	□	□	□	□
总 部	14. 仓库（配送环节）更新运输	□	□	□	□
门 店	15. 收取总部配送商品，付现或挂应付账款	□	□	□	□
总 部	16. 收取代理货款	□	□	□	□
门 店	17. 向总部申请配货	□	□	□	□
总 部	18. 仓库配送商品，挂应收账款（代理不挂） 19. 支付（配送环节）运输费	□ □	□ □	□ □	□ □
门 店	20. 按销售订单交货，收取货款 21. 支付总部应付款，冲销应付账款	□ □	□ □	□ □	□ □
总 部	22. 收取门店销售货款，冲销应收账款	□	□	□	□
门 店	23. 支付租金	□	□	□	□
总 部	24. 支付行政管理费	□	□	□	□

表 3.5 年末任务清单

门店	1. 支付运营费用 2. 更新长期贷款/支付利息 3. 清盘	☐ ☐ ☐
总部	4. 更新长期贷款/申请长期贷款/支付利息 5. 支付仓库维护费 6. 计提折旧 7. 开拓渠道（直销/分销） 8. 门店损失记入坏账 9. 调整与门店的结算比例 10. 关账	☐ ☐ ☐ ☐ ☐ ☐ ☐

3.4 门店年报

门店年报如表 3.6 ~ 3.8 所示。

表 3.6 门店的损益表（单位：百万元）

年份：起始年　　　地区：　　　　店名：

项目	金额
营业收入	
减：成本	
减：运营费用	
减：租金	
减：财务费用	
加：营业外收益	
＝利润总额	
减：利润上缴（利润总额的 30%）	
＝利润留存	
减：所得税（利润留存的 25%）	
＝净利润	
历年利润累计	
门店初始投资额	

表 3.7 任务清单——门店上缴利润

门　店	向总部上缴税前利润的 30%	☐
总　部	接收门店上缴 30%利润	☐

表 3.8　门店的资产负债表（单位：百万元）

资产	期初数	期末数	负债及所有者权益	期初数	期末数
现金			短期负债		
商品价值			应付账款		
固定资产			应交税金		
			长期负债		
			负债合计：		
			股东资本		
			以前年度利润		
			当年净利润		
			所有者权益合计：		
资产合计：			负债及所有者权益合计：		

3.5　总部年报

1. 年末的营业费用

年末的营业费用如表 3.9 所示。

表 3.9　年末的营业费用（单位：百万元）

项　目	金　额
运输费	
广告费	
大卖场上架费	
代理商返点	
大卖场返点	
其　他	
营业费用合计	

2. 年末的管理费用

年末的管理费用如表 3.10 所示。

表 3.10　年末的管理费用（单位：百万元）

项　目	金　额
行政管理费	
建筑租金	
渠道建设费	
折旧费	
维护费	
其　他	
管理费用合计	

3. 年末的财务报表

年末的财务报表如表 3.11～3.12 所示。

表 3.11　总部的损益表（单位：百万元）

项　目	上　年	今　年
主营业务收入		
减：主营业务成本		
主营业务利润		
减：营业费用		
减：管理费用		
减：财务费用（利息等）		
=营业利润		
加：营业外净收益		
加：长期投资收益（门店上缴利润总和）		
=利润总额		
减：所得税（利润总额的 25%）		
=净利润		

表 3.12　总部的资产负债表（单位：百万元）

资　产	期初数	期末数	负债及所有者权益	期初数	期末数
流动资产			负　债		
现　金	40		短期负债		
应收账款	12		应付账款		
在途商品	12		应交税金		
库存商品	18		长期负债	20	
流动资产合计：	82		负债合计：	20	
长期投资：	30				
固定资产			所有者权益		
土地建筑净值	30		股东资本	132	
房屋净值	10		以前年度利润		
在建工程			当年净利润		
固定资产合计：	40		所有者权益合计：	132	
资产总计：	152		负债及权益总计：	152	

复习思考题

1. 简答题。

（1）简述销售订单记录表的作用，它和门店利润表有什么关系？

（2）简述总部配送记录表的作用，它和总部利润表有什么关系？

2. 思考题。

（1）采购环节的配送操作与发货环节的配送操作有什么异同之处？

（2）在编制资产负债表时，如果资产≠负债+所有者权益，应从哪几个方面来检查错误？

4 市场预测分析及订单获取规则

【学习目标】

知识目标：学习并掌握 ERP 商业沙盘的产品分类与定位，市场容量分析与预测，销售订单的获取规则与竞标的技巧，产品销售规则，采购、仓储与运输规则，市场销售渠道建设规则，资金运作规则等知识。

技能目标：了解现代企业管理知识，了解企业经营的规则和运作流程，提高自己的市场预测分析与决策能力。

4.1 产品的分类、定位及市场容量预测分析

4.1.1 产品的分类与定位

市场中的产品一共有四种，分别是产品 A、产品 B、产品 C、产品 D。其中，A 属于高端产品，B 属于中高端产品，C 属于中端产品，D 属于低端产品。产品的分类与定位如表 4.1 所示。

表 4.1 产品定位

档 次	高端	中高端	中端	低端
产 品	A	B	C	D

4.1.2 产品销售与门店档次的对应关系

门店的类型一共有三种：专卖店、代理店和大卖场。每一种门店又分为三个档次：高端、中端和低端。不同档次的产品销售与门店的类型无关，只与门店的档次有关。也就是说，任何一种门店都可以销售四种产品，具体销售哪几种产品由门店的档次所决定。产品销售与门店档次的对应关系如表 4.2 所示。

表 4.2 产品销售与门店档次的对应关系

	低端	中端	高端
门 店	D	C	B
	C	B	A

从表 4.2 中可以看出，任何一个档次的门店都可以销售两种产品。低端门店对应销售的产品是 D 产品和 C 产品，中端门店对应销售的产品是 C 产品和 B 产品，高端门店对应销售的产品是 B 产品和 A 产品。产品销售的对应关系只和门店的档次有关，而与门店的类型无关。

由于不同档次的门店决定了销售不同档次的商品，因此在建设门店的时候，一定要分析公司销售什么档次的产品，根据产品档次与门店档次的对应关系再去决定门店的建设，否则就会出现门店档次不匹配而导致无法销售产品，造成公司经营的损失。

4.1.3 门店投资与费用

不同类型、不同档次的门店的投资费用与运营费用是不一样的，其投资方式和建设周期也存在差异。三种门店的投资规则如表 4.3 所示。

表 4.3 门店的投资规则

类型	投资方式	投资额			建设周期
		低端	中端	高端	
专卖店	总部长期投资	20M	30M	40M	1Q
代理店	银行贷款（2Y）	20M	30M	40M	—
大卖场	银行贷款（4Y）	50M	50M	50M	2Q

专卖店属于直销体系，其投资方式是由公司总部直接投资，投资款计入长期投资项。代理店和大卖场属于分销体系，其投资方式是由门店向银行贷款，计入长期贷款项。代理店规定申请两年期长期贷款，大卖场规定申请四年期长期贷款。除此之外，三种门店的建设周期也存在差异。专卖店的建设周期为一个季度（1Q），即本季度投资建店，需要在下一季度才能开张营业。在投资建店时，门店的标牌应正面朝下，等到开张时再翻转过来。大卖场的建设周期为两个季度（2Q），即本季度投资建店，需要在下下个季度才能开张营业。代理店没有建设周期，即时建设，即时开张营业。三种门店的建设周期的差异要求我们在执行年初任务时，一定要合理安排销售订单的竞标、采购订单的下达、仓储运输的调配、门店的投资建设等环节，尽量做到统筹安排、降低成本、提高利润。

门店的运营费用如表 4.4 所示。

表 4.4 门店的运营费用

类型	运营费/[M/（年·家）]			租金/[M/（家·季）]
	低端	中端	高端	
专卖店	5M	10M	15M	2M
代理店	5M	10M	15M	2M
大卖场	20M	20M	20M	4M

门店运营费用应在每年年底执行年末任务的时候支付。而门店的租金在执行季度任务的时候支付。当门店处于建设期时可不支付租金，只有当门店处于营业状态才需支付。

4.1.4 市场容量预测分析

整个市场分为东部、南部、西部和北部四个地区。不同地区的市场容量是不同的，而同一地区不同产品的市场容量也是不同的。

东部地区四种产品的市场容量预测如图 4.1 所示。

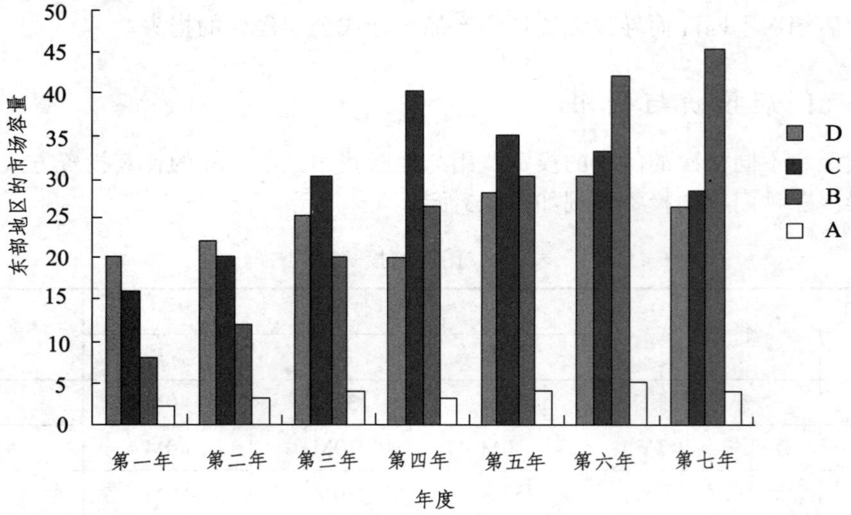

图 4.1 东部地区的市场容量预测

从图 4.1 可以看出，在东部地区，D 产品的市场容量比较大，并且稳定在 20 ~ 30。C 产品的市场容量随着年度稳定递增，到第四年达到峰值，随后缓慢下降，市场容量分布在 15 ~ 40。B 产品的市场容量在经营初期较小，但随着经营年度的递增而递增，并且在第七年达到峰值，整个上升趋势呈 45°直线，市场容量分布在 5 ~ 45。A 产品的市场容量最小，市场容量稳定在 0 ~ 5。

南部地区四种产品的市场容量预测如图 4.2 所示。

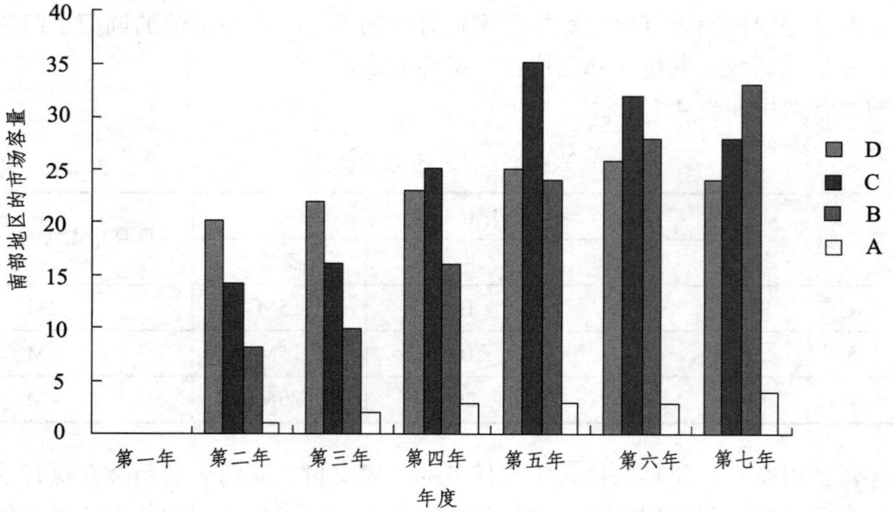

图 4.2 南部地区的市场容量预测

从图 4.2 可以看出，由于南部市场有一年的市场开拓期，因此第一年的市场容量为 0。从第二年开始，南部市场的容量分布与东部市场相类似。D 产品的市场容量分布在 20 ~ 30。C 产品的市场容量分布在 15 ~ 35，在第五年达到峰值。B 产品的市场容量分布在 5 ~ 35，在第七年达到峰值。A 产品的市场容量稳定在 0 ~ 5。

西部地区四种产品的市场容量预测如图 4.3 所示。

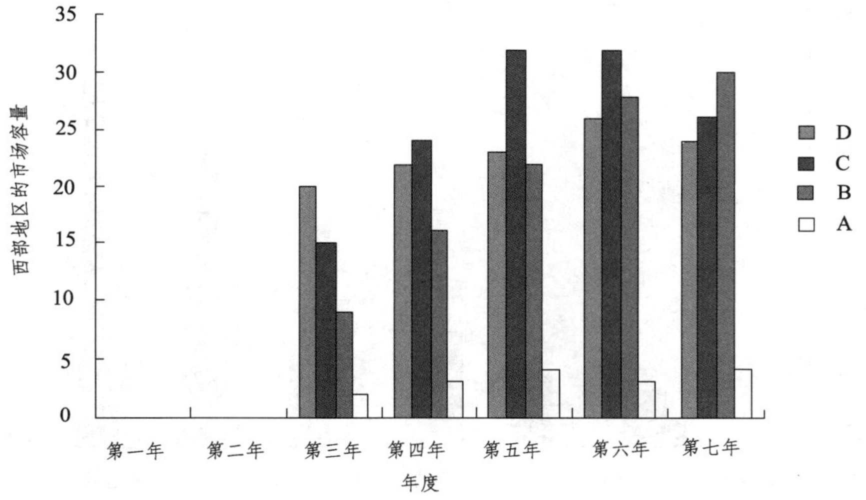

图 4.3　西部地区的市场容量预测

从图 4.3 可以看出，由于西部市场有两年的市场开拓期，因此第一年和第二年的市场容量均为 0。从第三年开始，西部市场的容量分布如图 4.3 所示。D 产品的市场容量分布在 20 ~ 30。C 产品的市场容量分布在 15 ~ 35，在第五年达到峰值。B 产品的市场容量分布在 5 ~ 30，在第七年达到峰值。A 产品的市场容量稳定在 0 ~ 5。

北部地区四种产品的市场容量预测如图 4.4 所示。

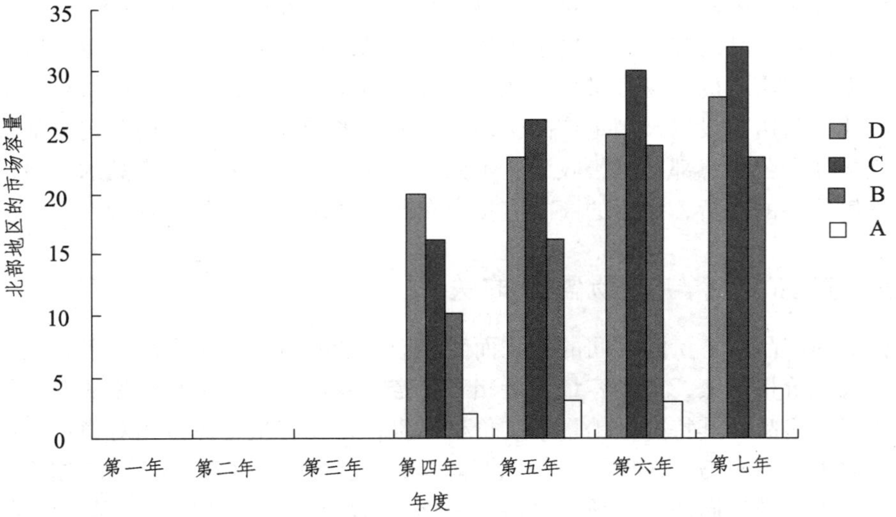

图 4.4　北部地区的市场容量预测

从图 4.4 可以看出，由于北部市场有三年的市场开拓期，因此第一年、第二年和第三年的市场容量均为 0。从第四年开始，北部市场的容量分布如图 4.4 所示。D 产品的市场容量分布在 20 ~ 30。C 产品的市场容量分布在 15 ~ 35，在第七年达到峰值。B 产品的市场容量分布在 10 ~ 25，在第六年达到峰值。A 产品的市场容量稳定在 0 ~ 5。

而四种产品网上订单的市场容量预测如图 4.5 所示。

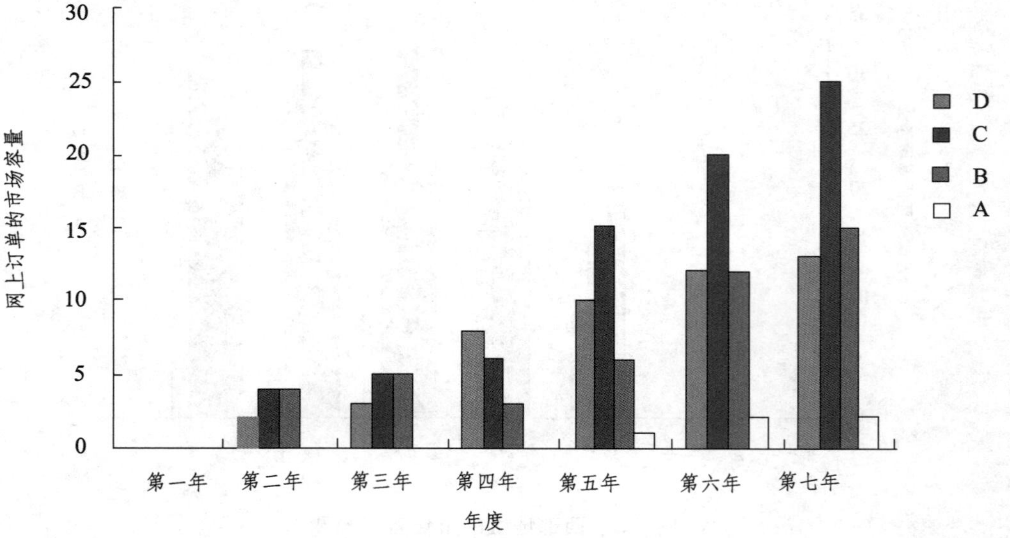

图 4.5　网上订单的市场容量预测

除了东部、南部、西部和北部四个区域市场以外，还有 E 门店网上直销市场。E 门店也存在为期一年的市场开拓期，因此第一年的市场容量为 0。从第二年开始，E 门店市场的容量分布如图 4.5 所示。D 产品的市场容量分布在 0 ~ 15，在第七年达到峰值。C 产品的市场容量分布在 0 ~ 25，在第七年达到峰值。B 产品的市场容量分布在 0 ~ 15，在第七年达到峰值。A 产品只在第五年、第六年、第七年三年里有市场，市场容量稳定在 0 ~ 5。

各个年度四种产品的市场容量决定了该年度产品的订单数量，同时，专卖店、代理商、大卖场三种类型门店中的市场容量分配比例大致为 1∶1∶3。因此，产品市场容量的大小是作为广告投放、门店建设以及制定产品价格的重要参考指标。E 门店由公司总部直接经营，销售收入直接计入公司总部的销售收入，不归属于任何门店。E 门店产品的销售价格为东部市场产品销售价格的八折，销售的商品直接由东部配送中心（仓库）发货。

4.1.5　产品定价与市场需求的关系

不同档次的产品销售量随时间的变化而变化。一般而言，低端产品属于大众消费品，其特征是销量大、价格低廉，市场容量保持相对稳定，且产品的销量与价格的变化关系密切。高端产品属于奢侈品，其特征是销量小、价格昂贵，市场容量也保持相对稳定，产品的销量与价格的变化关系不密切。中端产品与中高端产品介于低端产品和高端产品之间，其特征是，销量的变化呈现一定的周期性。随着时间的变化，市场容量稳步扩大，在某一个年度达到峰值后，再逐年递减。四种产品的市场容量发展趋势如图 4.6 所示。

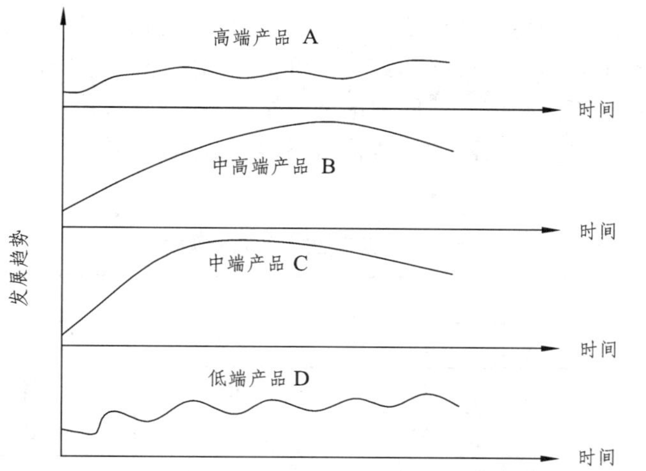

图 4.6　四种产品的市场容量发展趋势

公司的经营流程（见图 4.7），具体包括如下内容：

（1）公司总部向供货商采购商品，并支付采购货款。

（2）门店向公司总部申请配货，总部向门店发货，并收取门店支付的货款或挂应收账款。

（3）门店按销售订单销售给最终客户，并收取销售货款。如向公司挂了应付账款，须支付货款并冲销应付账款。

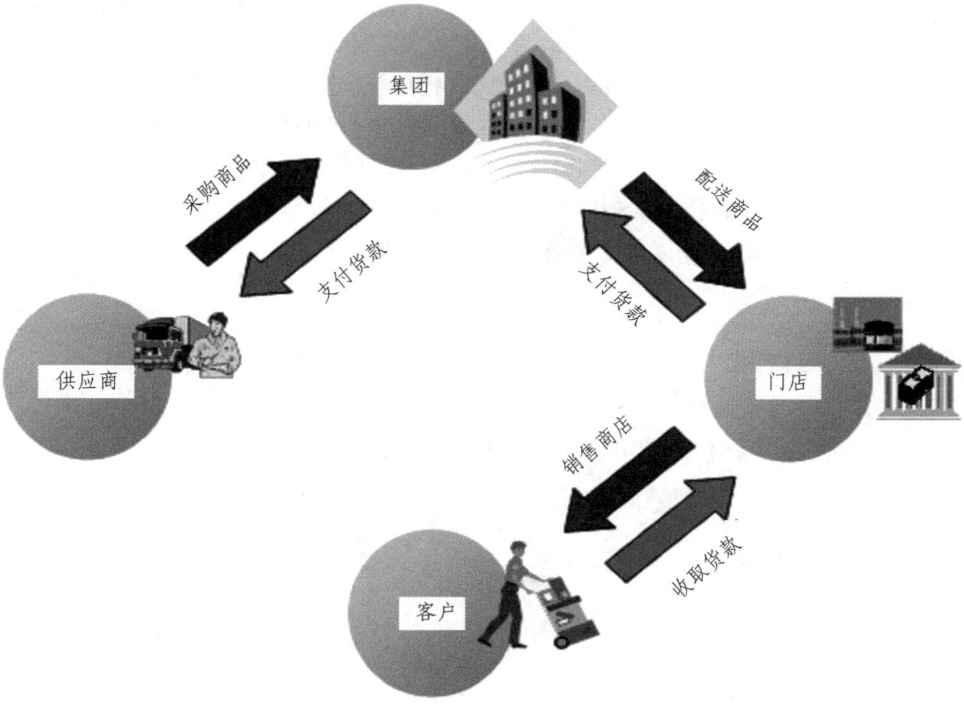

图 4.7　公司的经营流程

以上三步流程中，每一种商品都涉及三个价格，第一个是总部向供应商的商品采购价；

第二个是总部销售给门店的总部销售价，也即门店对总部的商品采购价；第三个是门店给客户的商品销售价。其中，第一个价格和第二个价格是固定的，是不允许改变的；第三个价格由公司经营班子决定，不同年度、不同地区可以制定不同的销售价格。经营规则对每一种商品都提供了一个建议零售价，实际的销售价格不得超过建议零售价的两倍。四种商品价格如表 4.5 所示。

表 4.5　四种商品的价格清单

商品种类	D	C	B	A
采购价	1M	3M	4M	5M
专卖店进货价	4M	6M	9M	18M
代理店进货价	3M	5M	8M	15M
大卖场进货价	2M	4M	6M	12M
建议零售价	5M	10M	15M	30M

其中，采购价是指总部对供应商的采购价；专卖店进货价、代理店进货价、大卖场进货价是指这三种门店对总部的采购价；建议零售价是依据经营规则给门店的一个建议销售价格，实际的销售价格不得超过建议零售价的两倍。例如，D 产品的建议零售价为 5M，则实际售价应该在 5 ~ 10M。C 产品的建议零售价为 10M，则实际售价应该在 10 ~ 20M。B 产品的建议零售价为 15M，则实际售价应该在 15 ~ 30M。A 产品的建议零售价为 30M，则实际售价应该在 30 ~ 60M。E 门店（网上直销）的销售价格为东部市场对应商品价格的八折，因此，只要东部市场的产品价格确定了，E 门店的销售价格也就确定了，不需要另外单独制定。例如，东部市场四种产品的价格分别为 D：10M，B：20M，C：30M，A：60M，则 E 门店对应的价格分别为 D：8M，B：16M，C：24M，A：48M。E 门店的订单不分区域，直接由东部仓库配送，收入记入公司总部。表 4.5 中的各种价格会在“销售订单登记表”“总部配送记录表”中大量用到，因此经营班子各成员必须熟记表中的各种价格。

4.2　订单竞标规则

4.2.1　决定订单获取的因素及权重计算规则

决定订单获取的因素有四个：广告费、门店投资额、上一年度销售收入、商品价格。这四个因素在订单竞标总分中占有不同的权重。

总分 = 广告权重 + 销售收入权重 + 门店投资权重 − 商品价格权重

广告权重 = 广告费×40%

销售收入权重 = 上一年度销售收入×40%

门店投资权重 = 门店投资额×20%

注：广告费、上一年度销售收入、门店投资额均以百万为单位计算。

商品价格权重＝商品价格－建议售价

E门店分值＝广告费－商品价格（E门店价格为东部市场零售价格的八折）。

商品订单分东部、南部、西部、北部和E门店分别竞标。在每一个地区对A、B、C、D四种商品分别排名，各个公司在挑选订单时根据排名的顺序依次选择。

例如，有四个小组公司参加某年度东部地区D产品的订单竞标，其中，各组的广告费、门店投资额、上一年度销售收入、商品价格如表4.6所示。

表4.6　订单竞标参数（单位：M）

分　组	广告费	上一年度销售收入	门店投资额	商品价格
第一组	12	100	70	8
第二组	15	90	120	8
第三组	20	70	130	7
第四组	13	80	100	9

广告费的投放是按产品分别进行的，在东部地区，四个小组对D产品投放的广告费分别是12M、15M、20M、13M。

上一年度销售收入是针对东部地区D产品而言的，而不是公司的整体销售收入。在计算此点时注意不要出错。东部地区D产品上一年度销售收入可从上一年度的销售订单表中的数据获得。四个小组上一年度东部地区D产品的销售收入分别是100M、90M、70M、80M。

门店投资额的计算也是针对东部地区的，且只有能销售D产品的门店才包括在内。门店包括已开张的和当年计划开张的。例如，第一组在东部地区已有一家低档专卖店，根据门店档次与产品销售规则，低档专卖店允许销售D产品和C产品，因此应将这家专卖店考虑进来。另外，第一组计划在当年内投资建设一家低档大卖场和一家中档专卖店。其中，低档大卖场允许销售D产品和C产品，因此也应将这家大卖场考虑进来。而中档专卖店允许销售C产品和B产品，不允许销售D产品，因此这家中档专卖店在计算D产品的投资权重时就不能考虑进来，而是在计算C产品和B产品时再考虑。因此，对应表4.3中的门店投资与费用内容可得知：

第一组在东部地区D产品的门店投资额＝20M（低端专卖店）＋50M（低端大卖场）
＝70M

商品价格为东部地区D产品的零售价格。

各种参数都计算好以后，我们可以得出四个小组的订单排名，如表4.7所示。

表4.7　东部地区D产品订单权重计算表（单位：M）

分　组	广告权重（40%）	销售收入权重（40%）	门店投资权重（20%）	商品价格权重	分　值	订单排名
第一组	12×40%＝4.8	100×40%＝40	70×20%＝14	8-5＝3	55.8	3
第二组	15×40%＝6	90×40%＝36	120×20%＝24	8-5＝3	63	1
第三组	20×40%＝8	70×40%＝28	130×20%＝26	7-5＝2	60	2
第四组	13×40%＝5.2	80×40%＝32	100×20%＝20	9-5＝4	53.2	4

具体计算如下：

第一组的总分 = 4.8 + 40 + 14 − 3 = 55.8

第二组的总分 = 6 + 36 + 24 − 3 = 63

第三组的总分 = 8 + 28 + 26 − 2 = 60

第四组的总分 = 5.2 + 32 + 20 − 4 = 53.2

根据总分，各组的排名如表 4.8 所示。

表 4.8 东部市场 D 产品订单排名表（单位：M）

地区	东 部						
年度	第×年						
商品	D						
排 名	第一名	第二名	第三名	第四名	第五名	第六名	第七名
组 别	第二组	第三组	第一组	第四组			

对于 E 门店，订单排名的规则要简单得多，E 门店的订单排名只需考虑两个因素：广告费和商品价格。计算公式为：E 门店分值 = 广告费 – 商品价格权重（E 门店价格为东部市场零售价格的八折）。

根据以上规则，我们可以得出四个小组 E 门店的订单分值，如表 4.9 所示。

表 4.9 E 门店订单权重计算表（单位：M）

	广告权重（40%）	商品价格权重	分 值	订单排名
第一组	12×40% = 4.8	8-5 = 3	1.8	3
第二组	15×40% = 6	8-5 = 3	3	2
第三组	20×40% = 8	7-5 = 2	6	1
第四组	13×40% = 5.2	9-5 = 4	1.2	4

根据分值，各组的 E 门店订单排名如表 4.10 所示。

表 4.10 E 门店订单排名表（单位：M）

地 区	E 门店						
年 度	第×年						
商 品	D						
排 名	第一名	第二名	第三名	第四名	第五名	第六名	第七名
组 别	第三组	第二组	第一组	第四组			

4.2.2 订单竞标具体规则

在订单竞标中，我们必须遵守以下规则：

（1）对于未开拓的市场，如果以前年度没有进行相应市场的销售渠道建设（直销、分销），则不能参与该市场的订单竞标。

（2）每年年初填写“市场投标单”，针对每个地区、每种商品制订广告投放计划，确定产品报价，统计现有的和本年度将要新建的门店数。

（3）无广告投入不能拿到订单（广告费最少为 1M）。

（4）没有报门店不能拿到订单。

（5）年初制订了新建门店计划，则该年度必须建设该门店。

（6）对某个产品必须报价，才能拿到订单。

4.2.3　订单竞标顺序

各个地区、各种商品的订单竞标排名确定以后，就进入订单竞标环节。订单竞标的顺序：按某商品的公司排名顺序选单，先进行第一轮选单，每一个公司每一次选择一个订单。所有公司完成第一轮选单以后，再进行第二轮选单。第二轮的选单顺序与第一轮的一样，也是按照公司的排名顺序来选择的。选完以后再进行第三轮，依次类推，直到所有订单全部选择完毕或者所有公司放弃选单为止。接前面例题，四个组的排名为 2、3、1、4。第一轮中，首先由第二组选择订单，第二组选择一个最满意的订单后，由第三组第二个选单，第三组从剩下的订单中选择最满意的订单，接下来由第一组选单，第一组选完以后，再由第四组选单。第一轮选完以后，进入第二轮选单，又按照 2、3、1、4 的顺序选单，选完后再进入第三轮，依此类推。在某轮选单过程中，如果某组对剩下的订单宣布放弃，则该组就退出选单，剩下的小组继续选单，直到所有的订单全部被选择完毕或者所有的小组宣布退出选单为止，东部市场 D 产品的订单竞标方可结束。

4.2.4　销售订单

销售订单如图 4.8 所示，具体含义如下：

D（Y1　东部）

数量：2　　　　交货：Q2

类型：专卖店

图 4.8　销售订单示意图

图 4.8 中，D 表示该订单为 D 产品；Y1 表示第一年度；东部表示东部市场；数量 2 表示订单数量为 2；交货 Q2 表示该订单交货时间为第二季度；类型专卖店表示该订单的门店类型为专卖店。

代理店和大卖场不能执行该订单。并且由于门店档次的限制，只有低端专卖店才能销售 D 产品，因此该订单的类型为低端专卖店。

在选择订单的时候，一定要先对公司的资金、门店、库存等因素进行分析，再根据订单中的各种参数判断公司是否有能力执行该订单，或者该公司是否值得执行该订单。特别是对于有采购周期的商品，更要把进、存、销的各个环节分析清楚，否则很容易因无法履行订单而给公司带来损失。

4.2.5 市场投标单

年初任务中，经营班子对产品广告费的投放、门店的建设方案以及产品价格作出决策后，应该填写“市场投标单”并上缴给指导教师，并将其作为参与市场投标的正式文件。“市场投标单”分东部、南部、西部、北部以及 E 门店五个区域，各公司按年度提交。第一年的“市场投标单”详细内容如表 4.11 所示。

表 4.11 第一年市场投标单

第一年	东 部								
商 品	D	C	B	A					
广告费									
价 格									
门 店	专卖店			代理店			大卖场		
	低	中	高	低	中	高	低	中	高
数 量									

第一年除东部市场外，其他市场均处于开拓期。首先是广告费，A、B、C、D 四种商品的广告费确定后，应分别填写在对应商品的广告费栏目内，一种商品对应一个广告费投入。如果放弃销售某种产品，则该产品对应的广告费栏目空白即可。其次是价格，一种商品对应一个价格。每种商品的价格确定好以后应分别填入对应的价格栏目内。如果放弃销售某种产品，则该产品对应的价格栏也可不填。最后是门店投资数量。这是一个累计数，即已经开业的门店数量和第一年计划建设的门店数量都应该填写在内。其分别对应三种门店：专卖店、代理店和大卖场，每种门店又分别对应高端、中端和低端三种档次。把已开张的门店数量填入对应的数量栏目，同时把计划建设的门店数量也填入相应栏目中。完成以上三个步骤后，当年的“市场投标单”就算完成了。例如，某公司第一年度东部市场的“市场投标单”填写如表 4.12 所示。

表 4.12 某公司第一年的市场投标单

第一年	东 部								
商 品	D	C	B	A					
广告费	3M	5M	5M	1M					
价 格	10	20	30	60					
门 店	专卖店			代理店			大卖场		
	低	中	高	低	中	高	低	中	高
数 量		1（已建）					1（待建）		

第二年的“市场投标单”的详细内容如表 4.13 所示。

表 4.13　第二年的市场投标单

第二年	东　部									
商　品	D	C	B	A						
广告费										
价　格										
门　店	专卖店			代理店			大卖场			
	低	中	高	低	中	高	低	中	高	
数　量										
第二年	南　部				网上直销					
商　品	D	C	B	A	D	C	B	A		
广告费										
价　格										
门　店	专卖店			代理店			大卖场			E 门店
	低	中	高	低	中	高	低	中	高	
数　量										

第二年除了东部市场外，增加了南部市场和 E 门店。南部市场与东部市场的投标内容是完全相同的。E 门店需要填写四种产品的网上直销广告费，价格按照东部市场价格的八折填写。

第三年、第四年“市场投标单”的详细内容分别如表 4.14 和表 4.15 所示。第三年增加了西部市场，第四年增加了北部市场。由于操作与第二年类似，这里不再详述。

表 4.14　第三年的市场投标单

第________小组

第三年	东　部									
商　品	D	C	B	A						
广告费										
价　格										
门　店	专卖店			代理店			大卖场			
	低	中	高	低	中	高	低	中	高	
数　量										
第三年	南　部									
商　品	D	C	B	A						
广告费										
门　店	专卖店			代理店			大卖场			
	低	中	高	低	中	高	低	中	高	

续表

数　量										
第三年	西　部				网上直销					
商　品	D	C	B	A	D	C	B	A		
广告费										
价　格										
门　店	专卖店			代理店			大卖场			E 门店
	低	中	高	低	中	高	低	中	高	
数　量										

表 4.15　第四年的市场投标单

第________小组

第四年	东　部									
商　品	D	C	B	A						
广告费										
价　格										
门　店	专卖店			代理店			大卖场			
	低	中	高	低	中	高	低	中	高	
数　量										
第四年	南　部									
商　品	D	C	B	A						
广告费										
门　店	专卖店			代理店			大卖场			
	低	中	高	低	中	高	低	中	高	
数　量										
第四年	西　部									
商　品	D	C	B	A						
广告费										
门　店	专卖店			代理店			大卖场			
	低	中	高	低	中	高	低	中	高	
数　量										
第四年	北　部				网上直销					
商　品	D	C	B	A	D	C	B	A		
广告费										
价　格										
门　店	专卖店			代理店			大卖场			E 门店
	低	中	高	低	中	高	低	中	高	
数　量										

4.2.6　订单交货与结算规则

每年年初，各公司须递交“市场投标单”并参加订单竞标。对于竞标获得的订单，按照订单的交货期执行订单并获得经营收入。如果到期不能执行订单，则该订单作废，每张订单按订单金额的20%缴纳罚款，不足1M的，按1M计算。

门店执行订单并收取货款后，需要与总部进行结算。专卖店和大卖场由于在进货时向总部挂应付账款，因此，订单销售后，需要按订单数量向总部冲销应付账款，公司总部也相应冲销该门店的应收账款。由于代理店是现款现货，在进货时就已经支付了货款，因此销售商品后不需要再进行结算。三种门店与总部的结算规则如表4.16所示。

表4.16　门店与总部的结算规则

类　型	收货处理	结算时间
专卖店	收货时挂应付账款，出售后结算并冲销应付账款	销售后
代理店	收货时现金结算	收货时
大卖场	收货时挂应付账款，出售后结算并冲销应付账款	销售后

4.3　仓储货运规则

4.3.1　仓库建设规则

仓库有两种建设方式：一种是公司自行投资建设，比如现有的东部仓库；另一种是租用仓库，每季度支付租金。自建仓库的优势是仓库为公司自有财产，不需要支付租金，运营费用低；劣势是初期投资大，需要购买土地并投资建设，自建仓库需要一定的建设周期，同时在每年年末需要支付维护费和计提折旧。而租用仓库的优势是没有建设周期，即租即用，每个季度只需要支付仓库租金，不需要支付维护费和折旧，同时在没有存货的时候可以停止租用，节省租金，等到有货物入库时再租用，方便灵活。因此，租用仓库使用得最普遍。仓库的投资建设费用、租金和建设周期如表4.17所示。

表4.17　仓库建设规则

仓库容量/个	建设周期	价　值	维护费（按年支付）	租金（按季度支付）	折　旧
10	1Q	10M	1M	2M	10年平均折旧
20	2Q	20M	2M	3M	
30	3Q	30M	3M	4M	

如果是自建仓库，还需要支付土地购买费用。在不同地区，土地的费用是不一样的，具体如表4.18所示。

表4.18　自建仓库土地购买费用

地　区	东　部	南　部	西　部	北　部
购买价	30M	25M	20M	15M

4.3.2 仓库容量规则

总部仓库的容量有三种规格：10、20、30。每种规格的仓库存储货物的数量不能超过仓库的规定容量，否则就无法入库，需租用新仓库来存放。门店的仓库也有库存限制，专卖店和代理店的库存容量为 4，大卖场的仓库容量为 8。超过仓库容量则会造成无法入库，面临罚款，从而影响商品销售，因此在配送环节一定要注意仓库容量的限制。仓库容量规则如表 4.19 所示。

表 4.19 总部和门店的仓库容量规则

地　区	容量/个
总部仓库 1	10
总部仓库 2	20
总部仓库 3	30
专卖店	4
代理店	4
大卖场	8

4.3.3 货物运输规则

商品从采购到销售的流程中，一共要经历两次运输环节：一次是采购运输（入库运输），是从供应商处采购商品后运输到仓库的过程；另一次是配送运输（出库运输），是从总部仓库出库运输到门店仓库的过程。

货物的运输方式共有三种，分别是飞机运输（空运）、汽车运输（陆运）、火车运输（铁运）。三种运输方式各有其优缺点：① 空运的优点是没有运输周期，当期起运，当期到达；缺点是运输量小、运费高昂。② 铁运的优点是运输量大、运费低廉；缺点是运输周期在三种运输方式中最长。③ 陆运是使用得最普遍的一种运输方式，其优点是运输周期、运输量和运费都介于空运和铁运之间。

三种运输方式中，要尽量避免使用空运，只有在不使用空运就无法交单的情况下才使用。铁运则相反，能用铁运则尽量使用铁运。但由于铁运周期长，如果再加上商品的采购周期，商品从下订单到门店交货要经历一个很长的过程，个别情况甚至会跨年度，因此使用铁运一定要统筹考虑，仔细计算，稍有不慎就会出现延误交单而面临罚款。陆运是使用得最多的一种运输方式，其运输量、运输周期和运费都比较适中，适合各种货物运输，保证订单的执行。三种货运方式的运输规则如表 4.20 所示。

表 4.20 运输规则

类　型	运输批量/个	运输费用（批）	运输周期
飞机	2	4M	0Q
汽车	4	2M	1Q
火车	8	1M	2Q

由于飞机运输的周期是 0Q，即当期起运，当期到达，因此当我们在做季度任务的时候，

任务清单的第5、6、7、8四个步骤需要注意，如果是采用飞机运输，做完6、7、8步以后，需要返回到第5个步骤“(采购环节)运输入库/更新运输”，使用飞机运输的货物当期应该入库。同理，在做第17、18、19三个步骤的时候，如果出库的货物是采用飞机运输，也应该返回到第14步“仓库（配送环节）更新运输”，飞机运输的货物当期应该到达门店并入库。

为了充分利用运输工具，发往同一目的地的货物可以组合运输。例如，发往东部仓库的商品有2个C和2个D，则可以使用一个陆运的运输批次组合运输。这里要注意一个前提，即货物必须是发往同一个目的地，否则就不能组合运输。并且，即便是同一种商品，如果配送的目的地不一样，即便运输量有空余，也不能组合在一起运输。比如，有3个B产品，2个发往东部仓库，1个发往南部仓库，则必须使用两个汽车批次来运输，而不能组合在一起。还有一种情况，在仓库向门店配送的时候，如果配送的门店不是同一家，即便是发往同一地区，也不能组合运输。比如，东部仓库发往东部市场2个C和2个D，其中2个C是发往专卖店，2个D是发往代理店，则也必须使用两个汽车批次来运输，而不能组合运输。

4.3.4 跨区域调货规则

一般情况下，东部仓库只能向东部市场配货，南部仓库只能向南部市场配货，以此类推。但在某些特定情况下，需要跨区域仓库调货，比如东部仓库向南部市场配货。如果出现跨区域仓库调货，则运输周期要发生变化，运输费也相应要增加。跨区域仓库调货规则如表4.21所示。

表4.21 跨区域仓库调货规则

类 型	跨区域运输费用（批）	运输周期
飞机	4M	0Q
汽车	3M	2Q
火车	2M	3Q

从表中可以看出，空运方式的跨区域运输费和运输周期没有变化，而陆运方式和铁运方式的跨区域运输费和运输周期相应增加或减少了1M和1Q。

跨区域调货还存在一种情况，即不同区域之间的门店调货。首先不同类型的门店不允许调货，比如，东部专卖店不允许向南部大卖场和代理店调货，只允许向南部专卖店调货。除此之外，跨区域门店调货的运输规则与跨区域仓库调货的运输规则是一致的。

4.4 市场渠道建设规则

公司在经营过程中，除了东部市场已经建立了市场销售渠道，南部、西部、北部市场以及E门店都需要经营者自行去开拓。各区域市场的销售渠道建设期各不相同。其中，南部市场和E门店的市场渠道建设期为1年，西部市场为2年，北部市场为3年。市场渠道建设又分为直销渠道建设和分销渠道建设。直销渠道对应专卖店和大卖场销售，分销渠道对应代理店销售。如果想在某个区域市场建设专卖店或者大卖场，就必须开拓直销渠道；如果想在某个区域市场建设代理店，就必须开拓分销渠道。另外，网上直销的 E 门店也属于直销渠道，需要单独进行建设。销售渠道的建设费用需要把直销和分销分开来计算，各个地区均为 1M/年。市场渠道建设规则如表 4.22 所示。

表 4.22 市场渠道建设规则

类 型	直销渠道		分销渠道	
	建设周期	开拓费用	建设周期	开拓费用
东部	—	—	—	—
南部	1Y	1M	1Y	1M
西部	2Y	2M	2Y	2M
北部	3Y	3M	3Y	3M
网上直销	1Y	1M	1Y	1M

从表中可计算出，南部的市场销售渠道建设期为 1 年，直销渠道和分销渠道的建设费用均为 1M；E 门店的市场销售渠道建设期为 1 年，直销渠道和分销渠道建设费用均为 1M；西部的市场销售渠道建设期为 2 年，直销渠道和分销渠道的建设费用均为 2M；北部的市场销售渠道建设期为 3 年，直销渠道和分销渠道的建设费用均为 3M。

4.5 采购规则

商品的采购统一由公司总部负责。不同的商品具有不同的采购期。其中，D 产品的采购期为 0Q，表示 D 产品不需要采购周期，只要下采购订单就能当期交货。C 产品和 B 产品的采购期都为 1Q，表示这两种产品有一个季度的采购周期，本季度下采购订单后，需要在下一个周期才能交货。A 产品的采购期为 2Q，表示 A 产品有两个季度的采购周期，本季度下采购订单后，需要在下两个周期才能交货。理解清楚不同产品的采购周期对于计算产品的销售订单是否能如期执行非常重要。四种产品的采购期如表 4.23 所示。

表 4.23 产品的采购周期

产 品	D	C	B	A
采购期	0Q	1Q	1Q	2Q

由于 D 产品的采购周期为 0Q，即期采购，即期交货。因此，我们在做季度任务的时候，对于任务清单的第九步“下采购订单”，需要注意的是，如果是采购 D 产品，则需要返回到第六步“更新采购订单/采购订单交付货运”。

在支付采购货款时，如果采购的货物数量达到一定规模，可以不需要当期支付现金，而采用挂应付账款的方式延期支付货款。公司在经营过程中，如果出现现金不足的情况，可以恰当应用这条规则，缓解资金压力。货物采购数量与挂应付账款的对应关系如表 4.24 所示。

表 4.24　采购数量与挂应付账款的对应关系

采购量	小于 5	5 ~ 8	9 ~ 12	13 ~ 16	大于 16
付款期限	现金	1Q	2Q	3Q	4Q

当某一商品的采购数量在 5 个以下，则必须用现金支付。当某一商品的采购数量在 5 ~ 8 个，则可以挂为期 1Q 的应付账款，即本期采购商品，可以在下一季度支付货款。当某一商品的采购数量在 9 ~ 12 个，则可以挂为期 2Q 的应付账款，即本期采购商品，可以在下两个季度支付货款。当某一商品的采购数量在 13 ~ 16 个，则可以挂为期 3Q 的应付账款，即本期采购商品，可以在下三个季度支付货款。当某一商品的采购数量大于 16 个，则可以挂为期 4Q 的应付账款，即本期采购商品，可以在下一年度同期支付货款。总部挂应付账款对应的盘面操作：领取与采购商品等值的红色债务筹码，放到总部财务区的应付账款栏对应季度的圆点上。需要注意的是，商品的采购数量必须是针对同一商品而言，而不是不同商品采购的总和。比如，某公司采购了 5 个 D 产品和 4 个 C 产品，不能认为是采购了 9 个商品而享受 2Q 应付账款的优惠，因为 D 产品和 C 产品来自不同的供货商。正确的做法是，D 产品可以挂 1Q 的应付账款，而 C 产品必须用现金支付货款。

4.6　银行贷款规则

公司在经营过程中，由于不断开拓市场，经营规模随之也不断扩大。因此，仅靠公司现有资金进行运转显然是不现实的。因此，适度向银行借贷，举债经营是一条行之有效的发展之路。向银行借贷，必然要遵守银行的贷款规则。银行贷款分为长期贷款和短期贷款。长期贷款是指借贷期在一年以上的贷款；短期贷款是指贷款期限不超过一年的贷款。

ERP 沙盘中的银行贷款规定，长期贷款最高期限不得超过四年，利息为本金的 10%，每年年底支付利息，到期归还本金。短期贷款以季度为单位，利息为本金的 5%，到期一次还本付息。向银行借贷必须遵守一个限制条件，即长期贷款和短期贷款的总额不能超过公司上一年度所有者权益的两倍。例如，公司上一年度的所有者权益为 150 M，则公司的长期贷款和短期贷款的总额不能超过 300 M，否则银行会因还贷信用危机而拒绝贷款。如果出现此种情况，但确实又希望能贷款的，可以向银行申请高利贷。高利贷的最高期限不能超过一年，且利息为本金的 20%，到期还本付息。一般情况下，很少会出现贷款额度超过所有者权益两倍的情况，除非公司出现重大经营亏损。另外，即便出现这种情况，还可以想其他办法来解决资金问题，尽量避免借高利贷。其中一个办法就是贴现。所谓贴现，就是以损失贴现利息的代价来向银行换取应收账款的资金，贴现利息为 10%。比如，公司有 100M 的应收账款，如果想提前得到这笔资金，可以向银行申请贴现，则银行根据 10%的比例扣除贴现利息 10M 后，公司可获得 90M 的现金。银行贷款规则如表 4.25 所示。

表 4.25 银行贷款规则

类 型	利 息	还款付息方式	贷款期限	限制条件
短期贷款	5%	到期还本付息	最长 4Q	（长贷＋短贷）≤上一年所有者权益的 2 倍
长期贷款	10%	每年年底支付利息，到期还本金	最长四年	
高利贷	20%	到期还本付息	最长 4Q	—

三种类型的门店中，代理店和大卖场的银行贷款规则与公司总部一致。专卖店不允许向银行贷款，如果专卖店出现资金短缺，可以直接向总部借款，且不需要支付利息，还款期限由公司经营班子自行商议决定。

4.7 运营规则

（1）报表编制规则：门店与总部的财务各自独立核算，独立编制报表。有几家门店就编制几份报表，门店编制完报表以后再编制公司总部报表。

（2）门店倒闭规则：当门店的亏损额大于初期投资，即门店的净利润大于门店的初期投资时，允许该门店倒闭。倒闭后门店的所有债权债务由公司总部承担。

（3）订单转让规则：原则上订单不允许转让，但在具体实验中，指导教师可根据实际情况决定订单是否可以转让，转让费用由双方协商。

（4）产品交易规则：原则上产品不允许交易，但在具体实验中，指导教师可根据实际情况决定产品是否可以交易，交易价格、运输费用、运输周期由双方协商。

（5）总部支付行政管理费：1M/季度。

（6）企业破产规则：当企业的资产为负值时，可以申请破产并退出经营。

4.8 运营违规处罚

为了保障经营竞赛能够公平、公正、有序地进行，当企业在经营过程中出现以下情况将遭到相应的处罚：

（1）必须按照各种经营规则运作，每发现一次违规，将处以 1M 的罚款。

（2）必须按照任务清单的操作顺序进行，不能私自修改顺序。每发现一次违规，将处以 1M 的罚款。

（3）盘面信息必须真实，每发现一次作假，将处以 1M 的罚款。

（4）操作必须按照任务表来完成，采购和配送环节运输滞留（如订单已到交货期却不收货、未建仓库或仓库已满无法入库等情况），按照每季度每个商品 1M 的金额罚款。

（5）银行贷款必须和银行（指导教师）协商，不能私自贷款，或者贷款逾期不还私自延长贷款期限。每发现一次违规，将处以 5M 的罚款。

（6）每年度末提交报表，如果未按时提交，按照 1M/10 分钟进行罚款。

（7）财务报表必须真实，如果查出假账，将处以相差金额的 5 倍罚款。

复习思考题

1. 简答题。

（1）简述四种产品的定位，以及产品与门店档次的对应关系。

（2）简述四种产品在四个区域市场以及 E 门店的容量分布情况。

（3）简述获取订单的规则。

（4）简述货物的运输规则。

（5）简述市场销售渠道的建设规则。

2. 操作题

（1）假设市场有 D 产品的订单如图 4.9 所示，某公司总部和东部专卖店的仓库均无库存，也无在途商品。请问：该公司能否接这个订单？如果能接，如何进行操作？

D（Y1 东部）
数量：4　　交货：Q1
类型：专卖店

图 4.9　D 产品订单

（2）某公司第一年年初时的经营情况为：总部库存有 2 个 C 产品，东部只有一家低档专卖店，专卖店无库存商品。在年初任务时一共竞标以下销售订单（见图 4.10）。

D（Y1 东部）
数量：1　　交货：Q3
类型：专卖店

D（Y1 东部）
数量：1　　交货：Q2
类型：专卖店

C（Y1 东部）
数量：2　　交货：Q4
类型：专卖店

C（Y1 东部）	
数量：1	交货：Q3
类型：专卖店	

B（Y1 东部）	
数量：1	交货：Q4
类型：专卖店	

图 4.10 销售订单

要求：① 请填写该公司的销售订单登记表。

② 请制订该公司的门店建设计划、采购订单计划和运输配送计划。

5　ERP 商业沙盘第一年经营

【学习目标】

知识目标：了解企业发展战略的正确定位；了解市场细分与市场定位；了解产品生命周期的概念以及波士顿矩阵的知识；学习产品策略的制定及实施的思路和步骤。

技能目标：通过实验认识企业经营的本质；学会如何制定企业的发展目标和经营策略；在工作中逐步树立成本意识、全局意识、分工和协作意识。

5.1　企业经营的本质

一个企业，总会或多或少地占有一定的社会资源，而企业经营的本质，就是利用这些可支配或可调动的资源，通过向社会提供产品和服务，获取经济利润和社会效益。而资源具有稀缺性，通常包括以下内容：

（1）人员；

（2）资金；

（3）时间；

（4）技术；

（5）工具；

（6）信息；

（7）场所。

其中最重要的资源是人力资源。

虚拟企业在本年度经营中可能利用的资源包括：已做好明确分工的经营团队，目前已拥有的货币资金，应收账款，存货，自有仓库、专卖店等反映在财务报表中的资产，还包括东部地区的市场占有率、已建立的销售渠道、组织机构、采购渠道等不能在财务报表中体现但能给企业带来效益的资产。其中，可用来进行核算的资产来源于长短期负债和股东权益，企业的门店、仓库、土地投资，向厂家采购商品都需要占用资金，拓展销售市场、广告宣传以增加产品销量也需要投入大量资金。

这里体现了会计的平衡原理：

资产 = 负债 + 所有者权益

企业按年初市场订单销售商品取得销售收入。销售收入也称主营业务收入，它是利润的源泉。销售出的商品都是从厂家采购来的，需要企业付出货币资金或其他形式的代价，这即是销售成本，或称主营业务成本、直接成本。为获取收入，企业还需要支出商品购销运输费用，开拓市场的渠道建设费用，维持企业日常运作的行政管理费用，自有房产折旧、仓库维修等各项支出以及借款利息。上述收支差称为营业利润，再加上其他收支，扣减上缴国家的企业所得税，剩余部分才能归企业所有，这部分叫作净利润。企业经营的流程即企业利用一定的经济资源，通过向社会提供产品和服务，来获取利润，如图 5.1 所示。

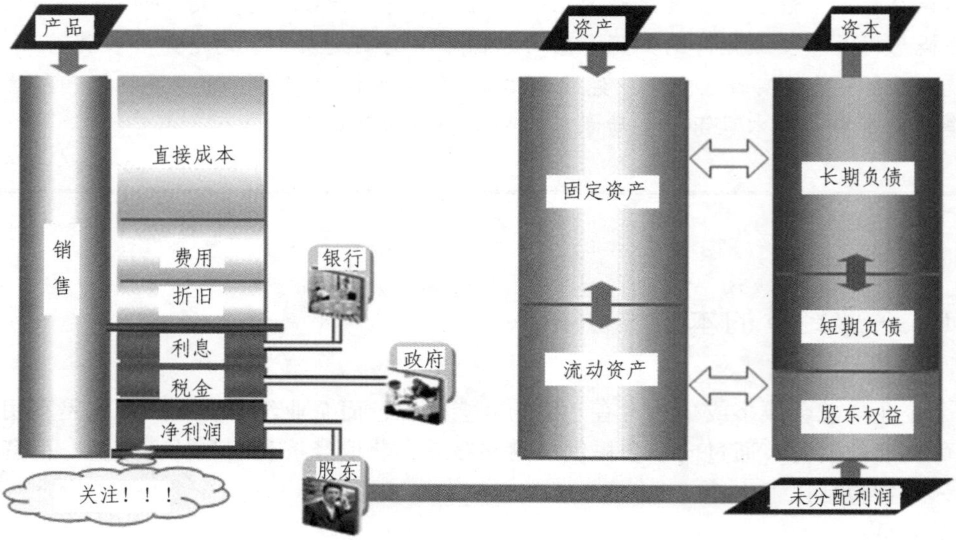

图 5.1　企业经营的过程示意图

这里又可以用另一个会计恒等式表达：

收入 − 费用 = 利润

我们从这个公式可以知道，必须增加收入减少支出才能获得更大的利润。增加收入就要占领更大的市场，增加商品品种，要保障产品如期交货还必须进行物流优化。减少费用则需要统筹规划资金占用，在采购和运输过程中采取适合本企业的最优数量和运输方式，有针对性地投入广告。

5.1.1　影响企业利润的因素

企业要获得盈利必须通过使用自己拥有或可以控制的资源。企业资源有两个来源：一是企业所有人投入的资本金；二是企业向债权人借入的负债资金。企业将这些资源加以利用，如购买商品、新建仓库、开拓市场，这些形成了企业的各种资产。这里体现了会计的平衡原理：资产 = 负债 + 所有者权益。企业的资产负债表就是这个原理的直观表现，如表 5.1 所示。

表 5.1　简化的资产负债表

资产	期初数	期末数	负债及所有者权益	期初数	期末数
流动资产			负　债		
现金			短期负债		
应收账款			应付账款		
在途商品			应交税金		
库存商品			长期负债		
流动资产合计			负债合计		
长期投资					
长期投资合计					
固定资产			所有者权益		
土地建筑净值			股东资本		
房屋净值			以前年度利润		
在建工程			当年净利润		
固定资产合计			所有者权益合计		
资产总计			负债及所有者权益总计		

企业完成筹建后，开始资产运作，包括购进商品并向各渠道和终端补货用于销售取得营业收入，购入用于销售商品需要花费的资金，这在会计上称为营业成本。运输商品花费的运费，产品广告支付的广告费，借助他人的销售多渠道向企业支付的上架费和返点，这在会计上称为销售费用。自建的仓库提取的固定资产折旧，租用他人的仓库支付的租赁费，开拓销路花费的渠道建设费，日常运作需要承担的行政管理费，自有设备的资金维护费，这在会计上称为管理费用。向银行借款支付的利息，这在会计上称为财务费用。

收入－费用＝利润

按照这个会计等式体现的原理，将“企业的营业收入－营业成本－销售费用－管理费用－财务费用”作为企业的营业利润。

企业还可能收到他人捐赠或向他人捐赠，收入或支付罚没损益，承担固定资产清理的净损益，这些形成了营业外收入或支出。营业利润加上营业外收入再减去营业外支出，形成企业总利润，即：

营业利润＋营业外收入－营业外支出＝利润总额

企业取得盈利后，按照《中华人民共和国企业所得税法》规定，应按经企业总利润调整后的应税所得额的 25%向国家缴纳企业所得税。总利润减去企业所得税，得到净利润。只有净利润才真正属于投资人，可以由企业自由支配。如果净利润没有分配给股东，便成为企业未分配利润的一部分，就增加了企业的所有者权益。

利润总额 − 所得税费用 = 净利润

利润表如表 5.2 所示。

表 5.2　利润表

项　目	上　年	今　年
一、营业收入		
减：营业成本		
营业税金及附加		
销售费用		
管理费用		
财务费用		
二、营业利润		
加：营业外净收益		
三、投资收益		
四、利润总额		
减：所得税		
五、净利润		

企业若要增加所有者权益，就必须增加企业净利润。从利润表和沙盘中的企业经营过程我们可以知道，企业对各类商品的采购价格是一定的，增加净利润主要依靠增加营业收入或者降低各项费用支出来实现。

5.1.2　制定企业的发展战略

初入商海，我们要对自己的经营状况、竞争对手、所处环境有一个正确的认识，要对企业进行充分的市场分析，根据企业自身发展规划和市场营销进行战略定位的决策。这些决策包括选择产品的消费层次、产品销售区域、产品销售方式等，以保证企业的长期利益。

从第一年开始，经营团队要独立完成后续的经营任务，首先要考虑的就是企业的发展战略问题。回顾第二章的内容，我们在制定企业发展战略的过程中，应该考虑以下要素：

（1）公司是要做大做强，还是要做专做精？（决定了公司的发展目标）

（2）公司要做全域市场，还是做区域市场？（决定了公司的市场目标）

（3）公司要成为市场的领导者，还是市场的跟随者？（决定了公司的市场策略）

（4）公司要销售所有商品，还是只销售部分商品？（决定了公司的产品策略）

（5）公司是走高端市场路线，还是走低端市场路线？（决定了公司的产品策略）

（6）公司是建立自己的直销体系，还是利用市场的分销体系？（决定了公司的销售渠道策略）

不同的发展战略将决定各个公司不同的经营风格和经营思路，从第一年开始，每个公司将走向不同的发展之路。

【案例分析】

IBM公司经营战略的确立

创业阶段：专注于穿孔卡片。

1911 年 IBM 成立。公司成立初期制造各种产品，包括员工计时系统、磅秤、自动切肉机，而且最重要的是发展计算机、穿孔卡片设备。一段时间后公司集中精力专做穿孔卡片，不再参与其他活动。

第二次世界大战期间：转向军需生产。

为适应战争需要，IBM 将主要精力放在军事计算、后勤和其他军需之用产品的生产上，如机枪、瞄准器、发动机等军火的制造生产上，IBM 获得迅速发展。

第二次世界大战结束至 20 世纪 50 年代：军需计算机投资。

IBM 为美国空军自动防御系统电脑发展的主要承包商，利用尖端电子计算机进行研究的军事投资。

20 世纪 60—80 年代：PC 时代。

1961 年，IBM 开始开发 System/360，并于 1964 年研制成功，确立了自己在世界电脑市场的统治地位。

1981 年，IBM 发布第一台 PC，掀开个人电脑新纪元。

20 世纪 90 年代：从硬件向软件和服务转型。

1993 年，IBM 首次宣布亏损 49.7 亿美元。因为这次损失，IBM 的经营活动已发生重大变化，其重点将从硬件转向软件和服务。

1995 年，IBM 将以前各自独立的软件解决方案、个人软件产品和网络软件部门合并，组成一个集团。

20 世纪末：由 PC 制造商向 IT 信息服务提供商转型。

1998 年，IBM 开始进入 IT 服务业，向 IT 服务业转型。IBM 将其苦心经营多年的 IGN 产品卖给 AT&T，再次明确将服务、软件及领先技术的销售作为公司的发展重点领域。

2002 年，IBM 收购专业咨询服务公司 Pricewaterhouse Coopers，其咨询能力加强。公司越来越把重点放在推动企业解决咨询、服务及软件，并且着重于硬件和高价值的芯片技术上。

2004 年，基于 PC 业务利润的下降，IBM 宣布以 12.5 亿美元的现金及股票向联想出售其个人电脑业务，将集中精力做好 IT 咨询、芯片设计和信息服务产业，实现由 PC 制造商到 IT 信息服务提供商的转变迈出了非常坚实和决定性的一步。

IBM 正式通过以上六次得当的战略转型，从而不断焕发新春、永续经营。纵观 IBM 的转型历程，其战略转型成功之道在于以下几个方面：

（1）对内外资源环境的正确审视。

企业在进行战略转型之前，首先必然深入分析其所面临的外部市场环境。市场环境是否发生了重大变化？行业平均利润率及行业内主要竞争对手的利润率走势如何？企业在现有领域是否无法深入发展？其次企业必须对内部的资源能力要素进行有效评价。企业现在拥有哪些资源优势及资源劣势？企业的核心竞争力是什么？企业所面临的机会和威胁又是什么？

IBM在每次战略转型前，都认识到了外部环境的深刻变化，并对内部做了相应评价，然后开始调整方向，实行战略转型。1993年，郭士纳入主IBM，敏锐地意识到PC硬件竞争越来越激烈，而软件与服务刚刚兴起，竞争程度低，但却代表着未来的发展方向，于是迅速地调整战略方向，由硬件向软件与服务转型。

（2）向相关业务领域进行转型。

企业要进行业务转型，进入新的领域，必须具有与新进入行业相匹配的资源：资金、人力、管理、技术或者营销渠道等。新行业资源要求与现有资源有一个比较大的共享空间，使本企业在现有行业取得成功的某些关键因素能够方便、快捷而且有效地复制到新进入的行业之中，从而使企业在新进入的行业中，一开始就能站在一个比较高的起点之上。

就IBM而言，其在1998年宣布进入IT服务领域之前，已经是全球最具规模的个人及商用PC生产制造商，在PC以及IT领域具有极高的知名度和美誉度，拥有全球具有价值和最广泛的PC销售网络和渠道，以及客户忠诚度。而与欲战略转型的行业——IT服务领域之间，也有着非常大的共享空间——巨大的品牌忠诚度、大致相似的目标客户群体以及IBM多年在PC领域练就的高技术特性等。所有这些，都为IBM顺利进入IT服务业打下了坚实的基础。

（3）充足的财力支持。

企业战略转型能否成功的一个关键因素就是企业的现有主业能否为企业的战略转型提供足够的财力支持，特别是现金流支持。

很多企业战略转型失败，最直接的原因的就是缺乏资金。澳柯玛多元化领域的失败、巨能的失败，无不是因为资金的缺乏。

IBM的PC业务在被联想收购前，全球销售额已达到115亿美元，为其向信息服务领域转型提供了雄厚的资金保障。

IBM的六次战略转型成功，正是得益于对上述三个关键点的成功把握。

（案例来源：http://baike.baidu.com/view/1789882.htm。）

5.1.3 开源——努力扩大销售收入

企业通过向社会提供产品和服务实现收入，一般情况下，企业实现的收入越高，所获取的利润也就越高。因此，在合理的成本控制下，企业应努力扩大产品的销售数量，占领更多的市场份额，以实现尽可能多的销售收入。

扩大销售收入的手段主要包括：① 市场策略方面，加大广告宣传投入、积极开拓新的市场渠道、投资建设新的门店等；② 产品策略方面，积极研究市场竞争对手，找到目标市场的空白点，增加新产品的销售，增加商品种类，使门店类型、门店档次和产品的销售处于最佳对应状态；③ 企业内部管理方面，妥善规划仓储能力，确保商品的存储不出现问题，积极优化飞机、汽车、火车三种运输方式的线路和比重，提升物流效率。企业扩大销售收入的示意图如图5.2所示。

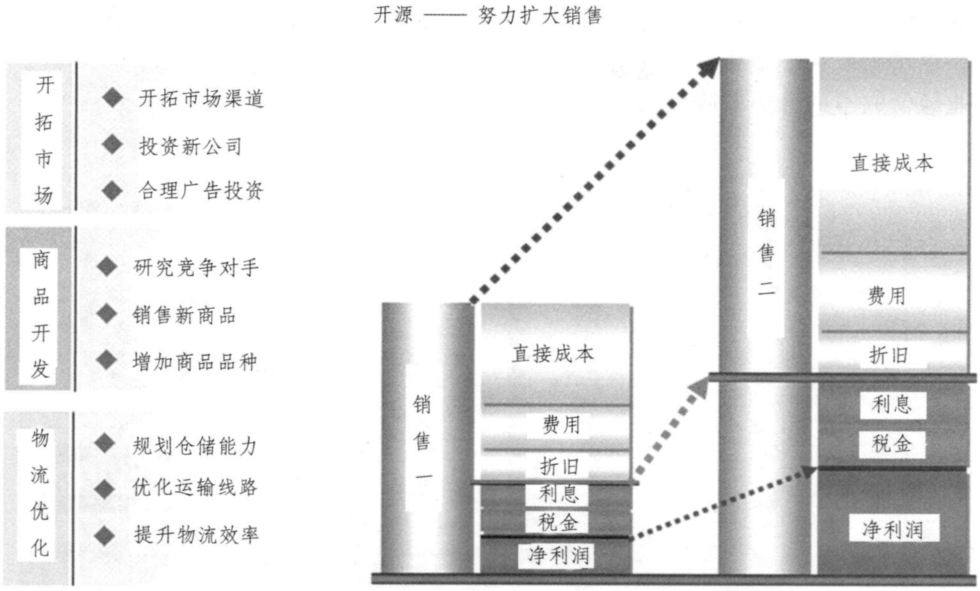

图 5.2　企业扩大销售收入示意图

5.1.4　节流 —— 尽力降低经营成本

要提高企业的利润，除了扩大销售收入，还应努力降低经营成本。尤其当企业发展到一定规模以后，其市场占有率、销售收入都会保持在一个相对稳定的水平，很难再有更大的提高。此时，要提升企业的盈利能力，只能从降低经营成本、提高经营效率等方面着手。比如实施企业流程再造（BPR），实施企业资源计划（ERP），进行经营环节的网络化、信息化改造等。

在企业沙盘模拟经营中，经营成本包括直接成本和间接成本两种。其中，直接成本主要是指商品的采购成本。间接成本则包括运营费用（广告费、运输费、大卖场上架费、代理商返点、大卖场返点等）、管理费用（行政管理费、建筑租金、渠道建设费、折旧费、维护费等）、财务费用（利息、贴现损失等）、营业外支出（罚款等）。其中，采购成本、管理费用大部分项目是固定的，降低空间不大。财务费用所占的比重很小，也不作为降低的重点。因此，我们着力要降低的成本只能是运营成本，其中重点是广告费和运输费。

对于市场推广环节，广告的投入至关重要，这在很大程度上决定了企业能获得多少销售订单，尤其对于 E 门店更是如此。但是，广告费的投入要合理安排，并不是越多越好，广告费太高，会增加企业的经营成本，同时给企业的现金周转带来巨大压力，影响企业的运作。因此，广告费的投入不在于绝对数值有多大，而在于要比你的竞争对手多，有时候哪怕只是多出一百万，很可能你的竞单排名就超越对手，从而使自己在竞选订单的时候处于有利位置。这就要求我们在制定营销策略的时候，不但要重视企业内部的情报分析，更要注重企业外部的情报搜集和分析，包括用户市场和同行业竞争对手的情报。另外，也要提高防范意识，不要轻易泄露公司内部情报，给对手以可乘之机。

对于运输环节，要尽力优化运输路线和运输方式，统筹考虑，在下采购订单的时候，要全盘考虑货物的交货期、货物的运输组合以及仓库的吞吐能力，在满足所有商品准时到货的情况下，尽量采取火车或者汽车的运输方式，以降低运输费用。

企业经营成本的分类及降低成本的手段如图 5.3 所示。

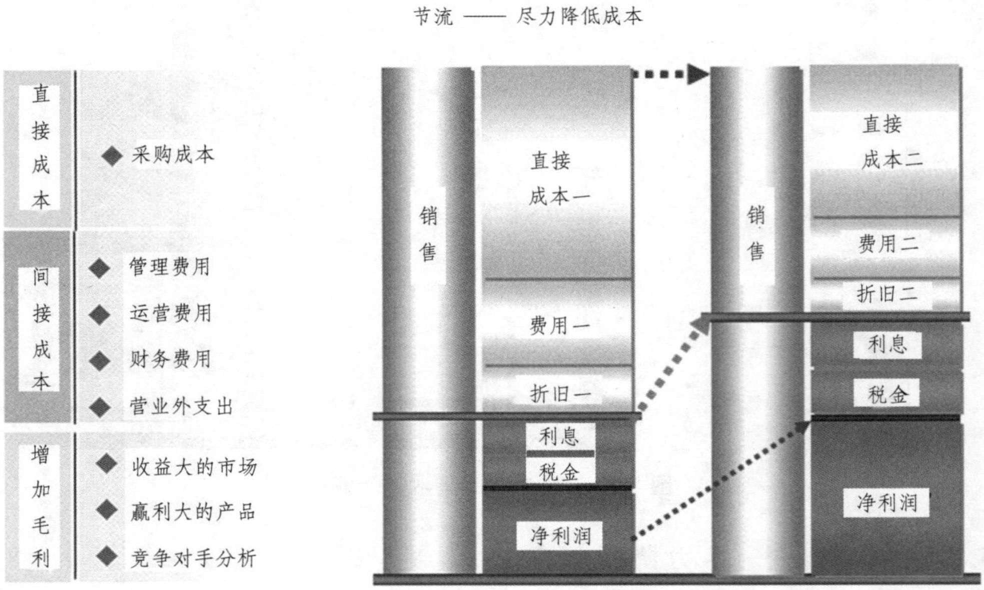

图 5.3　企业降低经营成本示意图

在企业经营模拟课程中，从销售收入中扣除直接成本、综合费用、折旧、利息后可得到税前利润。明确各项费用在销售收入中的比例，可以清晰地指明工作方向。

$$费用比例 = \frac{费用}{销售收入}$$

如果将各费用比例相加，再与 1 相比，则可以看出总费用占销售收入的比例。如果超过 1，则说明支出大于收入，企业亏损，由此直观地看出亏损的程度。

5.2　制定市场营销策略

简单地说，企业的市场营销策略需要解决以下几方面的问题：卖什么产品？在哪里卖？卖给谁？怎么卖？

1. 市场细分

从企业营销的角度看，某种商品的全体买主对该商品的消费需求往往有很大的差异。任何规模的企业都不可能满足所有用户的需求。市场细分，就是企业通过市场调研，依据消费者的需要与欲望、购买行为和购买习惯等方面的明显差异性，把某一商品的整体市场划分为若干个消费者群的市场分类过程。

市场细分的常见方法如下：

（1）地理细分，即按照消费者的地理位置来细分。

（2）人口细分，即按照人口统计因素来细分。

（3）心理细分，即按照消费者的心理特征来细分。

（4）行为细分，即按照消费者不同的消费行为来细分。

（5）受益细分，即按照消费者追求的利益不同来细分。

在企业经营模拟课程中，市场细分就是要求每个参加实验的虚拟企业根据企业的发展目标和战略，对自己面对的整体市场进行细分。比如，按照地理细分的方法，把整体市场分为东部、南部、西部和北部四个子市场。又比如，按照人口细分的方法，根据人们不同的消费能力把整体市场细分为高端市场、中高端市场、中端市场以及低端市场等。不同的细分方法可以把市场细分成不同的类型。

需要注意的是，并不是任何时候都要对市场进行细分。比如，在某个区域市场内，如果没有竞争对手或者只有少数竞争对手，则不需要对市场进行细分。选择什么样的细分市场一定要结合自身实际情况、市场情况和竞争者的情况进行具体分析，切忌“千军万马过独木桥”。同时，在某些情况下，还需要对已经细分了的市场重新进行整合。

2. 确定目标市场

企业经过市场细分之后，根据细分的结果，最终选择要进入的市场就是其目标市场。企业的一切营销活动都应该围绕目标市场进行。市场细分是企业选择和确定目标市场的基础和前提。

企业进入目标市场的方式主要有五种，一般用产品—市场矩阵图来表示。

（1）产品—市场集中化。企业的目标市场无论从市场（顾客）还是从产品角度，都集中于一个细分市场，如只在东部地区开设高档专卖店专门销售 D 商品。企业在创业之初一般都应该采取这种进入方式。

（2）选择性专业化。企业同时进入几个不同的细分市场，为不同的顾客群提供不同性能的商品，如在东部地区销售 A 和 B 商品，同时在南部地区销售 C 和 D 商品。

（3）市场专业化。企业向同一顾客群体提供不同的产品，如在南部地区同时销售 B 和 C 商品。

（4）产品专业化。企业向各类顾客同时供应某种商品，如在东部和南部地区同时销售 B 商品。

（5）全面进入。企业全方位进入各个细分市场，为所有顾客群提供他们各自需要的产品，如在东部地区销售 A、B、C、D 四种商品，同时在南部、西部或者北部地区也同时销售 A、B、C、D 四种商品。

产品—市场矩阵如图 5.4 所示。

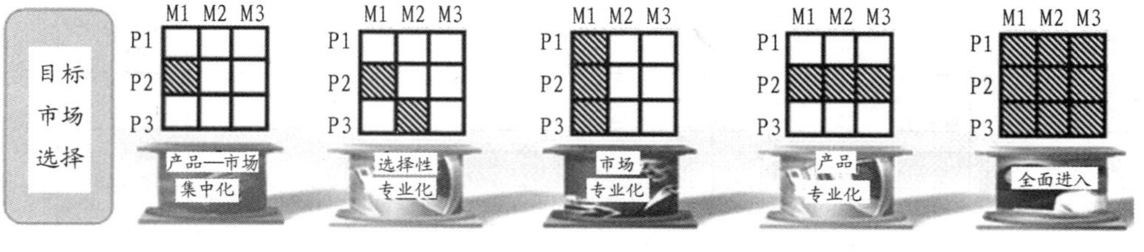

图 5.4　产品—市场矩阵

3. 制定正确的市场营销组合

进入目标市场的方式有五种，那么我们应该如何选择最恰当、最合适的进入方式呢？这就需要我们对产品和市场战略进行正确定位。要根据公司的整体发展战略，根据东部、南部、西部和北部是个区域市场未来若干年对 A、B、C、D 四种产品的市场需求容量，以及其他竞争对手可能采取的产品策略和市场策略，来进行具体分析，努力寻找市场空白点，在不同细分市场制定不同的营销组合，走差异化发展道路。营销组合一般包括四个要素，分别是产品（Product）、价格（Price）、渠道（Place）、促销（Promotion），通常简称为“4P”。

（1）产品策略：与产品有关的计划与决策。

（2）价格策略：分析顾客的消费成本，确立一种吸引顾客、适合市场营销组合的价格。

（3）渠道策略：也称分销渠道策略，指选择产品从生产商转移到消费者的途径。

（4）促销策略：为了促进销售而采取的手段和方式，如广告就是最常见的促销手段。

企业在不同的发展阶段，对于资源的占用也处于不同的程度，因而要分别制定与之相适应的市场营销组合。在企业发展初期，资源相对缺乏，应采取“小而精”的策略，专注于某一个软件细分市场，力求在局部取得优势，占领市场。企业发展壮大后，实力雄厚，拥有充足的资金资源和市场资源，则可以采取“市场结合”的方法，把几个目标市场的需求结合起来，用一种具有普遍适应能力的市场营销组合替代原来各自独立的市场营销组合，从而在这几个目标市场得到发展。

5.3 第一年模拟经营操作

5.3.1 销售订单

销售订单如表 5.3 所示。

表 5.3 销售订单

市　场								
季　度								
门店类型								
产品名称								
门店进货价								
零售价								
订单数量								
订单销售额								
订单成本								
订单毛利								

5.3.2 总部配送记录

总部配送记录如表 5.4 所示。

表 5.4 总部配送记录

市 场								
季 度								
门店名称								
产品名称								
总部采购价								
门店进货价								
配送数量								
总部销售额								
总部成本								
总部毛利								

5.3.3 任务清单

任务清单如表 5.5 ~ 5.7 所示。

表 5.5 年初任务清单

总 部	(1)缴纳上一年度税金 (2)缴纳广告费 (3)登记销售订单	□ □ □
门 店	(4)缴纳上一年度税金	□

表 5.6 季度任务清单

		季度一	季度二	季度三	季度四
门 店	1. 更新短期贷款/还本付息/申请短期贷款	□	□	□	□
总 部	2. 更新短期贷款/还本付息/申请短期贷款	□	□	□	□
	3. 更新应付账款/归还应付账款	□	□	□	□
	4. 租用新仓库/支付仓库租金/新建仓库	□	□	□	□
	5. (采购环节)运输入库/更新运输	□	□	□	□
	6. 更新采购订单/采购订单交付货运	□	□	□	□
	7. 支付采购货款/采购货款挂应付账款	□	□	□	□
	8. 支付(采购环节)运输费用	□	□	□	□
	9. 下采购订单	□	□	□	□
	10. 决策投资新门店/变卖门店	□	□	□	□
	11. 支付专卖店投资款	□	□	□	□
	12. 支付大卖场上架费	□	□	□	□
门 店	13. 接受初始投资款或贷款	□	□	□	□
总 部	14. 仓库(配送环节)更新运输	□	□	□	□
门 店	15. 收取总部配送商品,付现或挂应付账款	□	□	□	□
总 部	16. 收取代理货款	□	□	□	□

续表

门 店	17. 向总部申请配货	☐	☐	☐	☐
总 部	18. 仓库配送商品，挂应收账款（代理不挂） 19. 支付（配送环节）运输费	☐ ☐	☐ ☐	☐ ☐	☐ ☐
门 店	20. 按销售订单交货，收取货款 21. 支付总部应付账款，冲销应付账款	☐ ☐	☐ ☐	☐ ☐	☐ ☐
总 部	22. 收取门店销售货款，冲销应收账款	☐	☐	☐	☐
门 店	23. 支付租金	☐	☐	☐	☐
总 部	24. 支付行政管理费	☐	☐	☐	☐

表 5.7 年末任务清单

门店	1. 支付运营费用 2. 更新长期贷款/支付利息 3. 清盘	☐ ☐ ☐
总部	4. 更新长期贷款/申请长期贷款/支付利息 5. 支付仓库维护费 6. 计提折旧 7. 开拓渠道（直销/分销） 8. 门店损失记入坏账 9. 调整与门店的结算比例 10. 关账	☐ ☐ ☐ ☐ ☐ ☐ ☐

5.3.4 门店年报

门店年报如表 5.8 ~ 5.13 所示。

表 5.8 门店损益表一（单位：百万元）

年份： 地区： 店名：

项目	金额
营业收入	
减：成本	
减：运营费用	
减：租金	
减：财务费用	
加：营业外收益	
=利润总额	
减：利润上缴（利润总额的 30%）	
=利润留存	
减：所得税（利润留存的 25%）	
=净利润	
历年利润累计	
门店初始投资额	

表 5.9　任务清单一 ——门店上缴利润

门　店	向总部上缴税前利润的 30%	□
总　部	接收门店上缴 30%利润	□

表 5.10　门店资产负债表一（单位：百万元）

资产	期初数	期末数	负债及所有者权益	期初数	期末数
现金			短期负债		
商品价值			应付账款		
固定资产			应交税金		
			长期负债		
			负债合计：		
			股东资本		
			以前年度利润		
			当年净利润		
			所有者权益合计：		
资产合计：			负债及所有者权益合计：		

表 5.11　门店损益表二（单位：百万元）

年份：　　　　地区：　　　　店名：

项目	金额
营业收入	
减：成本	
减：运营费用	
减：租金	
减：财务费用	
加：营业外收益	
＝利润总额	
减：利润上缴（利润总额的 30%）	
＝利润留存	
减：所得税（利润留存的 25%）	
＝净利润	
历年利润累计	
门店初始投资额	

表 5.12　任务清单二——门店上缴利润

门　店	向总部上缴税前利润的 30%	□
总　部	接收门店上缴 30%利润	□

表 5.13　门店资产负债表二（单位：百万元）

资产	期初数	期末数	负债及所有者权益	期初数	期末数
现金			短期负债		
商品价值			应付账款		
固定资产			应交税金		
			长期负债		
			负债合计：		
			股东资本		
			以前年度利润		
			当年净利润		
			所有者权益合计：		
资产合计：			负债及所有者权益合计：		

5.3.5　总部年报

总部年报如表 5.14 ~ 5.17 所示。

表 5.14　年末的营业费用（单位：百万元）

项　目	金　额
运输费	
广告费	
大卖场上架费	
代理商返点	
大卖场返点	
其　他	
营业费用合计	

表 5.15　年末的管理费用（单位：百万元）

项　目	金　额
行政管理费	
建筑租金	
渠道建设费	
折旧费	
维护费	
其　他	
管理费用合计	

表 5.16　总部损益表（单位：百万元）

项　目	上　年	今　年
主营业务收入		
减：主营业务成本		
主营业务利润		
减：营业费用		
减：管理费用		
减：财务费用（利息等）		
=营业利润		
加：营业外净收益		
加：长期投资收益（门店上缴利润总和）		
=利润总额		
减：所得税（利润总额的 25%）		
=净利润		

表 5.17　总部资产负债表（单位：百万元）

资　产	期初数	期末数	负债及所有者权益	期初数	期末数
流动资产			负债		
现金			短期负债		
应收账款			应付账款		
在途商品			应交税金		
库存商品			长期负债		
流动资产合计：			负债合计：		
长期投资			所有者权益		
长期投资合计：					
固定资产					
土地建筑净值			股东资本		
房屋净值			以前年度利润		
在建工程			当年净利润		
固定资产合计：			所有者权益合计：		
资产总计：			负债及所有者权益总计：		

复习思考题

1. 简答题。

（1）公司经营的本质是什么？

（2）简述“4P”的内容。

2. 操作题。

（1）对公司（公司是指实验第一天成立的虚拟公司，下同）的市场进行细分并确定目标市场。

（2）制定公司的市场营销组合策略。

6　ERP 商业沙盘第二年经营

【学习目标】

知识目标：了解企业杜邦财务体系的作用；了解企业负债经营的条件；认识和了解分销体系；了解不同形式的配货补货系统。

技能目标：通过实验初步决定企业的负债经营可能性，树立资金筹划观念；学会初步构建分销体系；结合沙盘经营明确企业的配货、补货方式。

6.1　企业经营绩效评估

在完成两年的经营后，我们发现各个企业的业绩差距越来越明显，拥有的资源也完全不同。这主要是经营业绩不同，原因何在？

企业经营的绩效如何，我们可以使用一定的财务方法进行分析判断。著名的杜邦分析是目前最典型的一种方法。杜邦模型最显著的特点是，将若干个用以评价企业经营效率和财务状况的比率按其内在联系有机地结合起来，形成一个完整的指标体系，并最终通过净资产收益率来综合反映。

6.1.1　杜邦分析体系

杜邦分析法不仅有助于企业管理层更加清晰地看到权益资本收益率的决定因素，以及销售净利润率与总资产周转率、债务比率之间的相互关系，还给管理层提供了一张明晰的考察公司资产管理效率和最大化股东投资回报的路线图。

采用这一方法，可使财务比率分析的层次更清晰、条理更突出，为报表分析者全面仔细地了解企业的经营和盈利状况提供方便。杜邦分析体系如图 6.1 所示。

6.1.2　净资产收益率

通过上一章的学习，我们知道净利润的大小决定了所有者权益增值的多少。从投资人的角度来看，自己投入一家企业的所有资本一年的回报，我们称之为净资产收益率。这个指标是著名的杜邦体系的核心，是评估企业经营业绩最直观的指标。其公式为：

净资产收益率＝净利润÷所有者权益

上述公式可以进一步分解为：

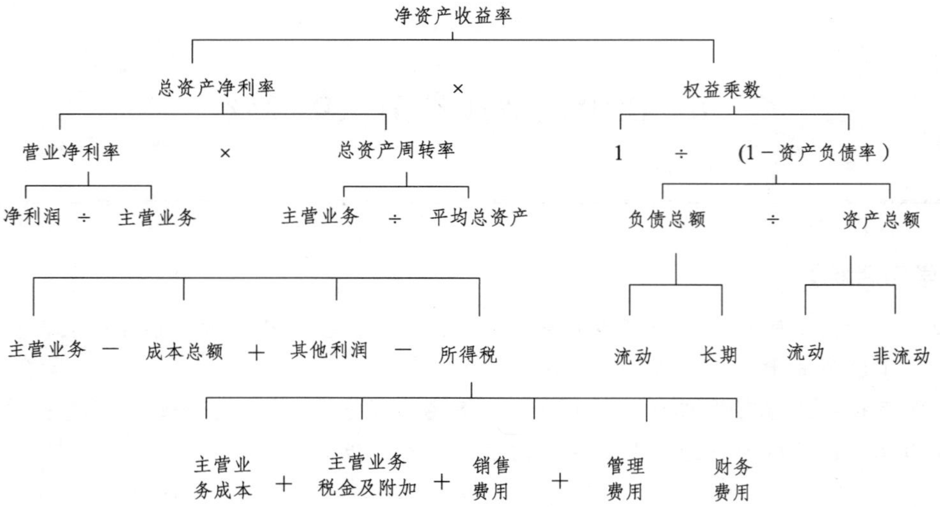

图 6.1 杜邦分析体系

净资产收益率＝（净利润÷总资产）×（总资产÷所有者权益）

即杜邦分析体系从上往下的第二个层次：

净资产收益率＝总资产净利率×权益乘数

6.1.3 总资产净利率

总资产净利率，也称总资产报酬率，是指企业在一定时期内获得的净利润与资产平均总额的比率。它表示包括净资产和负债在内的企业全部资产的总体获利能力，可用以评价企业运用全部资产的总体获利能力，是判断资产运营效益的重要指标。经营者通过对该指标的深入分析，可以增强对企业资产经营的关注，促进提高单位资产的收益水平。一般来说，净资产收益率高的企业，总资产报酬率也高。两者的关系如图 6.2 所示。

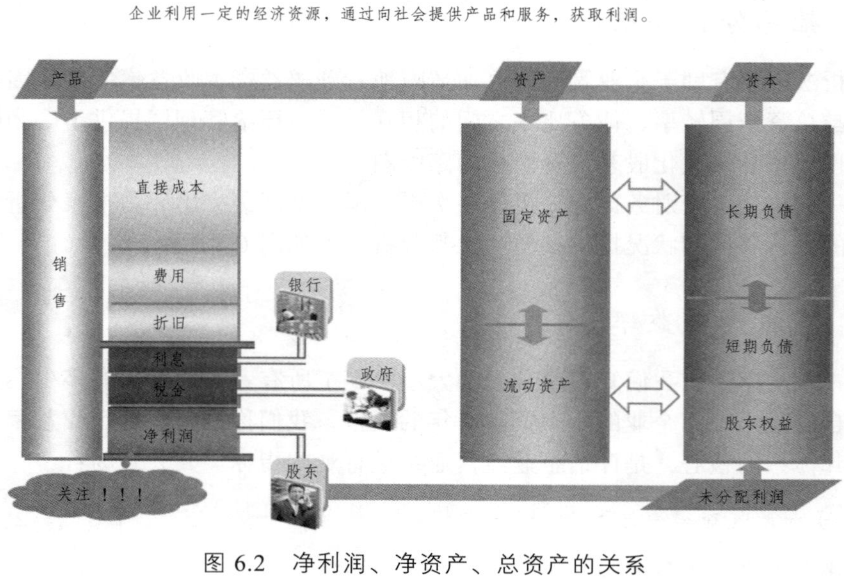

图 6.2 净利润、净资产、总资产的关系

杜邦分析体系中，权益乘数是由资产、负债和所有者权益三者间的比例决定的，我们主要观察等式的左边，可将其分解为该体系的第三行：

总资产净利率＝营业净利率×总资产周转率

6.1.4　营业净利率

营业净利率，在工商企业也称销售净利率，是指企业实现净利润与销售收入的对比关系，用以衡量企业在一定时期获取销售收入的能力。该指标反映每一元销售收入带来的净利润的多少，表示销售收入的收益水平。它与净利润成正比关系，与销售收入成反比关系，企业在增加销售收入的同时，必须相应地获得更多的净利润，才能使销售净利率保持不变或有所提高。分析销售净利率的升降变动，可以促使企业在扩大销售的同时，注意改进经营管理，提高盈利水平。

6.1.5　总资产周转率

总资产周转率是考察企业资产运营效率的一项重要指标。它体现了企业经营期间全部资产从投入到产出的流转速度，也反映了企业全部资产的管理质量和利用效率。该指标的对比分析，可以反映企业本年度以及以前年度总资产的运营效率和变化，发现企业与同类企业在资产利用上的差距，促进企业挖掘潜力、积极创收、提高产品市场占有率、提高资产利用效率。一般情况下，该数值越高，表明企业的总资产周转速度越快。销售能力越强，表明企业的资产利用效率越高。企业可以使用薄利多销的办法，加速资产周转，使利润绝对额增加。

6.2　企业经营中的分销体系

产品从生产者到消费者手中，是通过一定的分销渠道实现的。企业只有在适当的时间，适当的地点，按适当的数量和价格把产品交付给消费者，才能实现所有权的转移，达到销售的目的，从而实现企业目标。分销渠道是指某种产品和服务在从生产者向消费者转移的过程中，取得这种产品和服务的所有权或帮助所有权转移的所有企业和个人。建立和完善高效的分销体系，可以给企业带来高额的利润回报，也有助于提高企业竞争力和盈利能力。

分销渠道流程如图 6.3 所示。

图 6.3　分销渠道流程

6.3　配货补货系统

在商业系统中，企业要满足客户需求，实现商品从供应商到门店的流通，需要采用一定的配货补货系统。通常，配货补货系统主要有三种：拉式系统、推式系统和分销资源计划。

6.3.1 拉式系统

拉式系统是指商业企业根据实际顾客需求而不是预测需求组织生产的供应系统。换句话说，在拉式供应系统中，生产是由需求驱动的，如图 6.4 所示。各需求点自己决定何时需要、需要多少，再向供应点订货。拉式系统的优点在于，需求点之间可独立运营；而其缺点在于，订货时无法知道其他点的需求，有时只能得到一部分订货，需求点做预测时会有误差，为避免缺货，可能会放大需求。

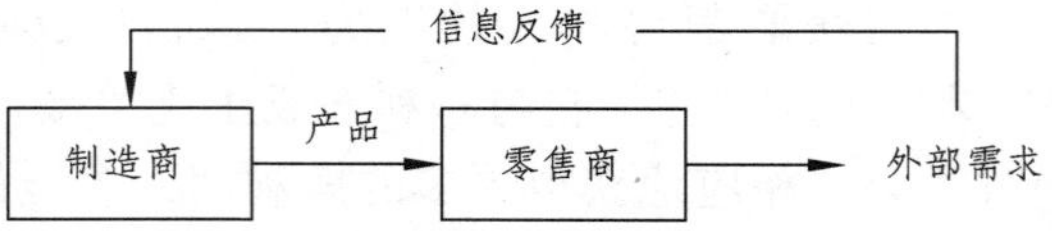

图 6.4 拉式系统示意图

6.3.2 推式系统

推式系统是指商业企业根据经营战略，参照市场预测制订销售计划，进一步制订采购计划、仓存计划、物流配送计划以及财务计划等，综合配置财力、物力、人力及时间资源，把商品投放市场供顾客选购的系统。推式系统要求从集团总部采购，再推向各大区域物流配送中心，进一步推向各需求点。

推式系统的优点在于：

（1）可以达到高水平的集中计划和管理；

（2）适用于短期产品的大量零售分配；

（3）协调成本很低。

典型例子：服装行业，集中预测各商店的需求，发货到零售点。

推式系统的缺点在于：

（1）需求点无法决定货物品种和批量；

（2）货物缺少时很难再重新订货；

（3）无法提高客户服务水平。

6.3.3 分销资源计划

分销资源计划（Distribution Resource Planning）是管理企业分销网络的系统，目的是使企业对订单和供货具有快速反应和持续补充库存的能力。它主要是解决分销物资的供应计划和调度问题，从而达到有效地满足市场需求又使配置费用最省的目的，这是 MRP 原理与方法在物品配送中的运用。

网络系统，为企业的业务经营及与贸易伙伴的合作提供了一种全新的模式。供销商和经销商之间可以实时地提交订单、查询产品供应和库存情况，并获得市场、销售信息及客户支持，实现供应商与经销商之间端到端的供应链管理，有效地缩短供应链，使企业的工作效率和业务范围得到有效提高。

分销资源计划的特点在于：

（1）结合了推式系统的优点——协调计划和管理。

（2）结合了拉式系统的优点——反映需求的能力。
（3）适用于复杂、多层次的分配。

6.4　第二年模拟经营操作

6.4.1　销售订单

销售订单如表 6.1 ~ 6.2 所示。

表 6.1　销售订单一

市　场								
季　度								
门店类型								
产品名称								
门店进货价								
零售价								
订单数量								
订单销售额								
订单成本								
订单毛利								

表 6.2　销售订单二

市　场								
季　度								
门店类型								
产品名称								
门店进货价								
零售价								
订单数量								
订单销售额								
订单成本								
订单毛利								

6.4.2 总部配送记录

总部配送记录如表 6.3 ~ 6.4 所示。

表 6.3 总部配送记录一

市　场								
季　度								
门店名称								
产品名称								
总部采购价								
门店进货价								
配送数量								
总部销售额								
总部成本								
总部毛利								

表 6.4 总部配送记录二

市　场								
季　度								
门店名称								
产品名称								
总部采购价								
门店进货价								
配送数量								
总部销售额								
总部成本								
总部毛利								

6.4.3 任务清单

任务清单如表 6.5 ~ 6.7 所示。

表 6.5 年初任务清单

总　部	（1）缴纳上一年度税金 （2）缴纳广告费 （3）登记销售订单	□ □ □
门　店	（4）缴纳上一年度税金	□

表 6.6 季度任务清单

		季度一	季度二	季度三	季度四
门 店	1. 更新短期贷款/还本付息/申请短期贷款	□	□	□	□
总 部	2. 更新短期贷款/还本付息/申请短期贷款	□	□	□	□
	3. 更新应付账款/归还应付账款	□	□	□	□
	4. 租用新仓库/支付仓库租金/新建仓库	□	□	□	□
	5. （采购环节）运输入库/更新运输	□	□	□	□
	6. 更新采购订单/采购订单交付货运	□	□	□	□
	7. 支付采购货款/采购货款挂应付账款	□	□	□	□
	8. 支付（采购环节）运输费用	□	□	□	□
	9. 下采购订单	□	□	□	□
	10. 决策投资新门店/变卖门店	□	□	□	□
	11. 支付专卖店投资款	□	□	□	□
	12. 支付大卖场上架费	□	□	□	□
门 店	13. 接受初始投资款或贷款	□	□	□	□
总 部	14. 仓库（配送环节）更新运输	□	□	□	□
门 店	15. 收取总部配送商品，付现或挂应付账款	□	□	□	□
总 部	16. 收取代理货款	□	□	□	□
门 店	17. 向总部申请配货	□	□	□	□
总 部	18. 仓库配送商品，挂应收账款（代理不挂）	□	□	□	□
	19. 支付（配送环节）运输费	□	□	□	□
门 店	20. 按销售订单交货，收取货款	□	□	□	□
	21. 支付总部应付账款，冲销应付账款	□	□	□	□
总 部	22. 收取门店销售货款，冲销应收账款	□	□	□	□
门 店	23. 支付租金	□	□	□	□
总 部	24. 支付行政管理费	□	□	□	□

表 6.7 年末任务清单

门店	1. 支付运营费用	□
	2. 更新长期贷款/支付利息	□
	3. 清盘	□
总部	4. 更新长期贷款/申请长期贷款/支付利息	□
	5. 支付仓库维护费	□
	6. 计提折旧	□
	7. 开拓渠道（直销/分销）	□
	8. 门店损失记入坏账	□
	9. 调整与门店的结算比例	□
	10. 关账	□

6.4.4 门店年报

门店年报如表 6.8 ~ 6.16 所示。

表 6.8 门店损益表一（单位：百万元）

年份：　　　　地区：　　　　店名：

项目	金额
营业收入	
减：成本	
减：运营费用	
减：租金	
减：财务费用	
加：营业外收益	
＝利润总额	
减：利润上缴（利润总额的 30%）	
＝利润留存	
减：所得税（利润留存的 25%）	
＝净利润	
历年利润累计	
门店初始投资额	

表 6.9 任务清单一——门店上缴利润

门　店	向总部上缴税前利润的 30%	□
总　部	接收门店上缴 30%利润	□

表 6.10 门店资产负债表一（单位：百万元）

资产	期初数	期末数	负债及所有者权益	期初数	期末数
现金			短期负债		
商品价值			应付账款		
固定资产			应交税金		
			长期负债		
			负债合计：		
			股东资本		
			以前年度利润		
			当年净利润		
			所有者权益合计：		
资产合计：			负债及所有者权益合计：		

表 6.11　门店损益表二（单位：百万元）

项目	金额
营业收入	
减：成本	
减：运营费用	
减：租金	
减：财务费用	
加：营业外收益	
＝利润总额	
减：利润上缴（利润总额的 30%）	
＝利润留存	
减：所得税（利润留存的 25%）	
＝净利润	
历年利润累计	
门店初始投资额	

表 6.12　任务清单三——门店上缴利润

门　店	向总部上缴税前利润的 30%	□
总　部	接收门店上缴 30%利润	□

表 6.13　门店资产负债表二（单位：百万元）

资产	期初数	期末数	负债及所有者权益	期初数	期末数
现金			短期负债		
商品价值			应付账款		
固定资产			应交税金		
			长期负债		
			负债合计：		
			股东资本		
			以前年度利润		
			当年净利润		
			所有者权益合计：		
资产合计：			负债及所有者权益合计：		

表 6.14　门店损益表三（单位：百万元）

年份：　　　　地区：　　　　店名：

项目	金额
营业收入	
减：成本	
减：运营费用	
减：租金	
减：财务费用	
加：营业外收益	
＝利润总额	
减：利润上缴（利润总额的 30%）	
＝利润留存	
减：所得税（利润留存的 25%）	
＝净利润	
历年利润累计	
门店初始投资额	

表 6.15　任务清单三——门店上缴利润

门　店	向总部上缴税前利润的 30%	□
总　部	接收门店上缴 30%利润	□

表 6.16　门店资产负债表三（单位：百万元）

资产	期初数	期末数	负债及所有者权益	期初数	期末数
现金			短期负债		
商品价值			应付账款		
固定资产			应交税金		
			长期负债		
			负债合计：		
			股东资本		
			以前年度利润		
			当年净利润		
			所有者权益合计：		
资产合计：			负债及所有者权益合计：		

6.4.5　总部年报

总部年报如表 6.17 ~ 6.20 所示。

表 6.17　年末的营业费用（单位：百万元）

项　目	金　额
运输费	
广告费	
大卖场上架费	
代理商返点	
大卖场返点	
其　他	
营业费用合计	

表 6.18　年末的管理费用（单位：百万元）

项　目	金　额
行政管理费	
建筑租金	
渠道建设费	
折旧费	
维护费	
其　他	
管理费用合计	

表 6.19　总部损益表（单位：百万元）

项　目	上　年	今　年
主营业务收入		
减：主营业务成本		
主营业务利润		
减：营业费用		
减：管理费用		
减：财务费用（利息等）		
=营业利润		
加：营业外净收益		
加：长期投资收益（门店上缴利润总和）		
=利润总额		
减：所得税（利润总额的 25%）		
=净利润		

表 6.20　总部资产负债表（单位：百万元）

资　产	期初数	期末数	负债及所有者权益	期初数	期末数
流动资产			负债		
现金			短期负债		
应收账款			应付账款		
在途商品			应交税金		
库存商品			长期负债		
流动资产合计：			负债合计：		
长期投资			所有者权益		
长期投资合计：					
固定资产					
土地建筑净值			股东资本		
房屋净值			以前年度利润		
在建工程			当年净利润		
固定资产合计：			所有者权益合计：		
资产总计：			负债及所有者权益总计：		

复习思考题

1. 简答题。

（1）简述拉式分销系统。

（2）简述推式分销系统。

2. 思考题。

（1）从总资产净利率及权益收益率角度分析负债经营的合理性。

（2）在分销渠道管理中，试分析拉式模式与推式模式的现实含义。

7　ERP 商业沙盘第三年经营

【学习目标】

知识目标：熟悉资金链对企业的重要作用；了解销售企业的盈利模式；认识资金周转的过程；了解资金周转过程中的常用指标；学习初步财务预算。

技能目标：通过实验总结本企业的盈利模式和资金周转过程；学会简单的资金周转指标分析；学习初步财务预算。

7.1　有效利用资金链

目前可能已经出现资金匮乏甚至因资金链断裂引起的企业倒闭现象，究其原因，主要是过度扩张无法如期偿还贷款所致。经历了前两年的经营，我们发现正常运行的资金链对企业经营活动的自由度至关重要。若现金流量为正，能如期偿还短期贷款，则企业至少可以维持现有的经营规模；若现金流为负，无法还款，无法再从供货厂商提货，无法向员工支付工资，则企业只能走上资金断流的困境。下面我们来看一个案例。

【案例分析】

PM 倒闭案

1996 年，中国 PM 的实际控制人刘×在美国获得了 PM 特许权，并注册成立了北京 PM 会员购物企业集团。1996—2004 年短短八年中，刘×在北京、成都、昆明、长沙等地开了 41 家分店，60 多家大型超市，中国 PM 快速发展。然而 2004 年 7 月南方建材以“拖欠房租”为由将 PM 告上法庭，引发“PM 资金链断裂”危机。自救失败，PM 一夜之间分崩离析。

PM 案件曾被公安部认定为 2005 年侦破的全国十大经济犯罪案件之一。根据法庭的调查结论，2002 年 2 月至 2006 年 5 月，PM 的八名高级管理人员受刘×的“指使”，为偿还企业债务，以非法占有为目的，编造虚假交易内容，以下属公司或所在公司名义与金融机构签订承兑汇票承兑协议和贴现协议，骗取钱款，数额特别巨大，均已构成合同诈骗罪。被告人获刑从一年零九个月到无期徒刑。除了仍然在逃的刘×，中国 PM 当年的高管已悉数为他们任职期间的行为付出了惨重的代价。

法院经过庭审举证、质证，确认如下：被告作为公司经营的管理人员，应明知经营中使用的银行承兑汇票系用于商品买卖活动中的支付手段，必须以合法的商品交易为基础。在 PM 两家分公司无实际商品买卖的情况下，要求公司财务办理承兑汇票，使用承兑资金用于偿还企业债务，被告人虽未直接至银行具体办理承兑业务，但在主观上具有非法占用故意，对在办理承兑业务中伪造商品买卖合同、使用虚假增值税专用发票等手段骗取资金的后果，均应承担刑事责任。

（案例来源：http://wenku.baidu.com/。）

资金链流转的状况与企业的盈利模式密切相关。所谓盈利模式，是指企业针对自身的特点和优势，在业态选择、规模选择、经营方式和产业链条的优化等方面采取相应的措施和策略，以获取盈利的管理机制。目前，我国销售业的利润来源于三个方面，扩大购销差价、降低经营成本和收取渠道费用，而利润的这三个来源就形成了三种不同的盈利模式。

1. 扩大购销差价

随着商品的极大丰富和零售设施的进一步饱和，零售商提高零售价格的空间越来越小。但是，零售企业经营规模的不断扩大，市场份额的不断增加，有能力迫使厂商进一步降低采购价格，在将好处部分转移给顾客的同时，也可以增加自己的利润。这种零售盈利模式需要具备两个条件：一是零售企业规模足够大，可以支配厂商的价格行为；二是零售企业可以通过大量销售降低厂商的生产成本，使他们在降低零售商采购价格后还有利可图。

2. 降低经营成本

降低经营成本可以直接体现为利润增加。我国零售企业由于将诸多导购员的工资、办公场地的费用转移给了厂商，因此其销售费用率非常低。一项中外十大零售企业的比较研究显示，世界十大零售企业的平均费用率为 23%，中国十大零售企业的平均费用率为 6%。问题的关键在于，以沃尔玛为典型的国外销售企业降低的是能与厂商共享的渠道成本，其投资的信息系统和物流系统也可以和厂商分享高效率带来的好处。而我国企业则是向厂商转移成本，自己费用的减少是建立在厂商费用增加的基础之上的。因此，未来的盈利模式还必须转移至优化渠道价值链的共享收益上来。

3. 收取渠道费用

目前，向厂商收取上架费等渠道费用和延期付款的盈利模式，虽然有一定的合理性，但是随着政府相关政策的出台，零售企业的采购行为、渠道费用和付款期限将受到限制，零售企业的营业外收入会相应减少。同时，这部分收入应该作为为厂商提供促销服务的费用支出，而不应直接全部转化为企业利润。总之，未来，渠道费用不能成为零售企业的主要盈利模式，否则零售企业自身的经营能力和竞争能力都会弱化，成为渠道本身的“寄生虫”，失去零售企业的基本功能。

这三种盈利模式的效果如何，在根本上取决于新型合作关系的建立，以改变顾客、零售商、厂商三者之间价值此消彼长的博弈关系。主要方法是，优化渠道价值链，降低费用，使渠道总利润增加，使顾客、零售商和厂商三方共享价值链优化带来的利润。优化价值链的核心是降低三方的成本费用，特别是零售商和厂商双方的费用成本，使其回到零售商通过主营业务盈利的模式上来。

7.2　企业的运营过程

7.2.1　企业运营与资金链

资金链是现金—资产—现金（增值）的循环，它是指维系企业正常生产经营运转所需要的基本循环资金链条，是企业经营的过程，如图 7.1 所示。

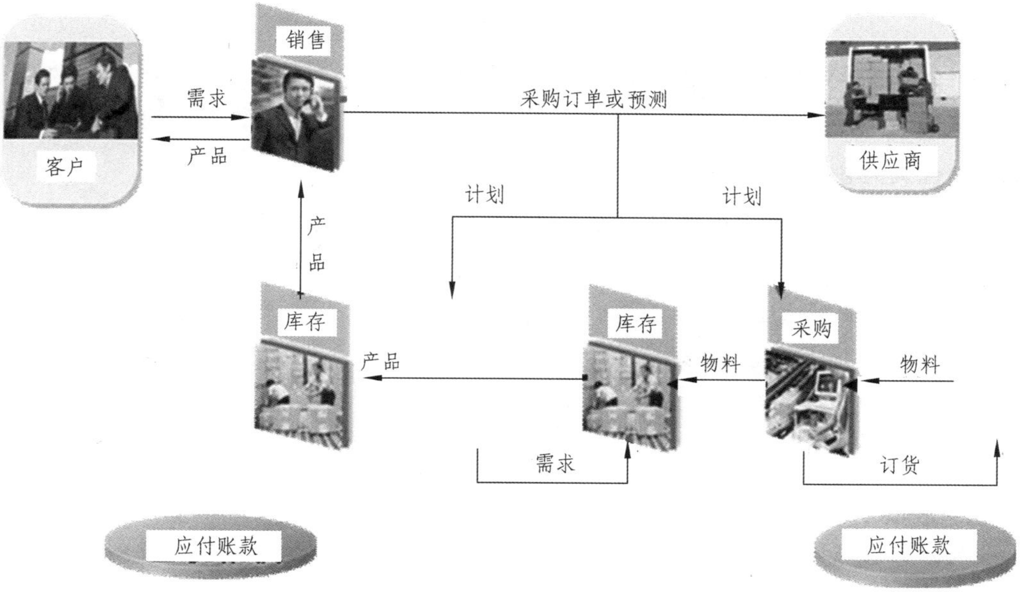

图 7.1　生产企业营运的过程

企业根据自己从市场和自身库存状况形成的物料需要，向供应商提交采购订单。供应商向企业供货即企业的物料采购过程，而企业向供应商支付购料款或形成应付账款。采购的物料入库加工形成库存商品，再向客户销售商品收到货币资金或形成应收账款，最后商品出库，这就形成了资金链的一个循环周期。

7.2.2　提升资金链的利用效益

企业要维持运转，就必须提升资金链的利用效益。保持这个循环不断良性地运转，必须要解决好两个根本问题：盈利能力和资金周转率。

1. 提升盈利能力

商品的销售价格确定以后，提高营业利润主要是采取降低运营成本的方法。其主要包括：节省广告、促销费用，以减少营销成本；形成规模效应，低价进货以减少采购成本；规划好装卸、储存、运输，以减少物流成本。

除传统的增收节支方式外，还可启动全新模式门店升级改造，采取品类展示加消费者体验的全新经营方式，增强消费者购买产品时的现场体验感以提高销售额。同时，体验式和一站式的购物方式也有助于提高消费者对门店的满意度和忠诚度。

2. 加快资金周转率

（1）加速商品流转。商品流转越快，就意味着商品从购进到销售的一次次循环所耗用的时间越短，在相同的时间内，产生的销售收入越多，积累的销售利润就越多。

（2）提升资金周转效率。销售过程中尽量多使用货币资金进行结算，规避由应收账款占用导致的资金不流畅问题。对已经形成的应收账款，我们应严格按期催收，预防坏账产生。对于商品采购过程，我们应充分利用供应商提供的商业信用，推迟付款时间。

7.3 企业运销的主要财务指标

1. 销售利润率

它是指在销售款中有多少比率是营业利润，能大体显示出产品的成本和售价的水平（见图 7.1）。其计算公式为：

销售利润率＝营业利润÷销售收入

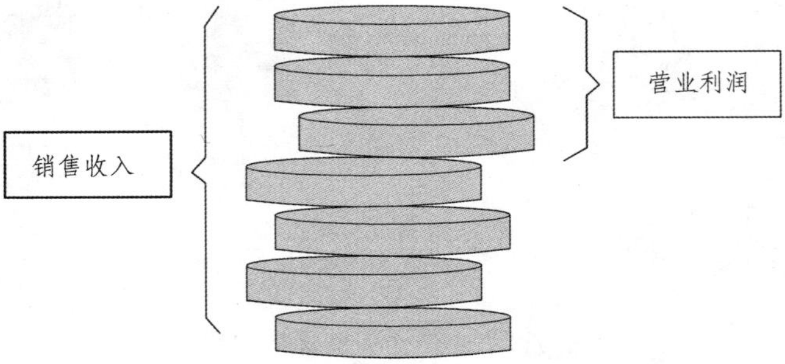

图 7.2 销售收入与营业利润

2. 资产周转率

它显示资产利用的效率，一定时间内周转的频率。该值越高，企业运营所需资本越少。其计算公式如下：

资产周转次数＝销售收入÷平均总资产

资产周转天数＝期间天数÷资产周转次数

前一个公式中的销售收入是指后一个公式中的期间天数内取得的销售收入。

3. 毛利率

它显示销售业务中成本与收入间的关系。该比例越高，说明企业销售商品获取的利润越高。其公式为：

毛利＝销售收入－销售成本

毛利率＝毛利÷销售收入

4. 负债与股东权益的比率

负债和股东权益的比率是企业资源的来源，该比例过小，说明企业没能有效地使用杠杆效应，利用信贷资金，经营业绩不显著。过分依赖外部资本对公司来说意味着要承担较高的资金利息，从而增加公司的运营费用。如果利润率下降，可能无法获得相应的现金流偿还债务。其公式为：

负债与股东权益的比率 = 负债÷股东权益

5. 现金流

它对公司经营活动的自由度有重要作用。经营活动中，现金流为正，即企业现金流量为正，能如期偿还短期贷款，说明企业至少可以维持现有的经营规模。若现金流为负，无法还款，无法再从供货厂商提货，无法向员工支付工资，则企业只能面临资金断流的困境。

6. 流动性

现金流还不是保证资金链的唯一指标，还应当考虑短期偿还债务的能力（见图 7.3）。流动性指标主要有下面两个公式：

流动比率 = 流动资产÷流动负债×100%
速动比率 = 速动资产÷流动负债×100%

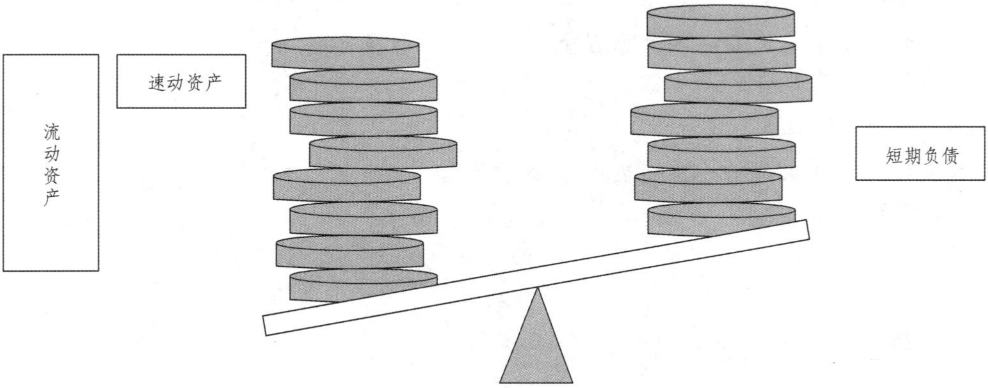

图 7.3　流动性指标

7. 市场份额

它是指一个企业的销售量（或销售额）在市场同类产品中所占的比重。它直接反映企业所提供的商品和劳务对消费者和用户的满足程度，表明企业的商品在市场上所处的地位，也就是企业对市场的控制能力。市场份额越高，表明企业的经营能力、竞争能力越强。企业市场份额的不断扩大，可以使企业获得某种形式的垄断，这种垄断既能带来垄断利润又能保持一定的竞争优势。其公式为：

市场份额 = 销售额÷市场销售总额

8. 总资产回报率

总资产回报率又称总资产利润率、总资产报酬率、资产总额利润率，是指企业一定时期内息税前利润与平均资产总额的比率。总资产回报率用以评价企业运用全部资产的总体获利能力，也是评价企业资产运营效益的重要指标。总资产回报率的计算公式如下：

总资产回报率 =（净利润 + 利息费用 + 所得税）÷平均资产总额×100%

9. 股东权益回报率

股东权益回报率（ROE），是一个衡量股票投资者回报的指标。它主要用来评价企业管理层的表现，即盈利能力、资产管理及财务控制的表现。其公式为：

股东权益回报率＝净利润÷股东权益（所有者权益）

7.4 初步预算内容

企业预算内容包括财务预算、业务预算、资本预算和筹资预算四方面。财务预算应当围绕公司的战略要求和发展规划，以业务预算、资本预算为基础，以经营利润为目标，以现金流为核心进行编制。

按时间长短不同，预算可分为长期预算、中期预算和短期预算。

从沙盘经营的角度，我们知道在企业战略和前期经营的基础上，就可以进行预算。

如果进行一个季度的短期现金预算：

季初现金账＋到期的应收账款＋本期预计现金销售收入＝本季可用的现金总量

本期应交税金＋本期还本付息资金＋每季度预计管理费用＋
本季预计新增投资款＋本期预计其他支出
＝本季需用现金总量

本季可用的现金总量－本季需用现金总量
＝本季资金缺口
＝本季应新增贷款

7.5 第三年模拟经营操作

7.5.1 销售订单

销售订单如表 7.1～7.3 所示。

表 7.1 销售订单一

市　场	东部	东部	东部	东部			
季　度							
门店类型							
产品名称							
门店进货价							
零售价							
订单数量							
订单销售额							
订单成本							
订单毛利							

表 7.2　销售订单二

市　场	东部	东部	东部	东部				
季　度								
门店类型								
产品名称								
门店进货价								
零售价								
订单数量								
订单销售额								
订单成本								
订单毛利								

表 7.3　销售订单三

市　场	东部	东部	东部	东部				
季　度								
门店类型								
产品名称								
门店进货价								
零售价								
订单数量								
订单销售额								
订单成本								
订单毛利								

7.5.2　总部配送记录

总部配送记录如表 7.4 ~ 7.6 所示。

表 7.4　总部配送记录一

市　场								
季　度								
门店名称								
产品名称								
总部采购价								
门店进货价								
配送数量								
总部销售额								
总部成本								
总部毛利								

表 7.5　总部配送记录二

市　场								
季　度								
门店名称								
产品名称								
总部采购价								
门店进货价								
配送数量								
总部销售额								
总部成本								
总部毛利								

表 7.6　总部配送记录三

市　场								
季　度								
门店名称								
产品名称								
总部采购价								
门店进货价								
配送数量								
总部销售额								
总部成本								
总部毛利								

7.5.3　任务清单

任务清单如表 7.7 ~ 7.9 所示。

表 7.7　年初任务清单

总　部	（1）缴纳上一年度税金 （2）缴纳广告费 （3）登记销售订单	☐ ☐ ☐
门　店	（4）缴纳上一年度税金	☐

表 7.8　季度任务清单

		季度一	季度二	季度三	季度四
门　店	1. 更新短期贷款/还本付息/申请短期贷款	□	□	□	□
总　部	2. 更新短期贷款/还本付息/申请短期贷款	□	□	□	□
	3. 更新应付账款/归还应付账款	□	□	□	□
	4. 租用新仓库/支付仓库租金/新建仓库	□	□	□	□
	5. （采购环节）运输入库/更新运输	□	□	□	□
	6. 更新采购订单/采购订单交付货运	□	□	□	□
	7. 支付采购货款/采购货款挂应付账款	□	□	□	□
	8. 支付（采购环节）运输费用	□	□	□	□
	9. 下采购订单	□	□	□	□
	10. 决策投资新门店/变卖门店	□	□	□	□
	11. 支付专卖店投资款	□	□	□	□
	12. 支付大卖场上架费	□	□	□	□
门　店	13. 接受初始投资款或贷款	□	□	□	□
总　部	14. 仓库（配送环节）更新运输	□	□	□	□
门　店	15. 收取总部配送商品，付现或挂应付账款	□	□	□	□
总　部	16. 收取代理货款	□	□	□	□
门　店	17. 向总部申请配货	□	□	□	□
总　部	18. 仓库配送商品，挂应收账款（代理不挂）	□	□	□	□
	19. 支付（配送环节）运输费	□	□	□	□
门　店	20. 按销售订单交货，收取货款	□	□	□	□
	21. 支付总部应付账款，冲销应付账款	□	□	□	□
总　部	22. 收取门店销售货款，冲销应收账款	□	□	□	□
门　店	23. 支付租金	□	□	□	□
总　部	24. 支付行政管理费	□	□	□	□

表 7.9　年末任务清单

门店	1. 支付运营费用	□
	2. 更新长期贷款/支付利息	□
	3. 清盘	□
总部	4. 更新长期贷款/申请长期贷款/支付利息	□
	5. 支付仓库维护费	□
	6. 计提折旧	□
	7. 开拓渠道（直销/分销）	□
	8. 门店损失记入坏账	□
	9. 调整与门店的结算比例	□
	10. 关账	□

7.5.4 门店年报（见表 7.10～7.21）

门店年报如表 7.10～7.21 所示。

表 7.10 门店损益表一（单位：百万元）

年份： 地区： 店名：

项目	金额
营业收入	
减：成本	
减：运营费用	
减：租金	
减：财务费用	
加：营业外收益	
=利润总额	
减：利润上缴（利润总额的 30%）	
=利润留存	
减：所得税（利润留存的 25%）	
=净利润	
历年利润累计	
门店初始投资额	

表 7.11 任务清单一——门店上缴利润

门 店	向总部上缴税前利润的 30%	□
总 部	接收门店上缴 30%利润	□

表 7.12 门店资产负债表一（单位：百万元）

资产	期初数	期末数	负债及所有者权益	期初数	期末数
现金			短期负债		
商品价值			应付账款		
固定资产			应交税金		
			长期负债		
			负债合计：		
			股东资本		
			以前年度利润		
			当年净利润		
			所有者权益合计：		
资产合计：			负债及所有者权益合计：		

表 7.13 门店损益表二（单位：百万元）

项目	金额
营业收入	
减：成本	
减：运营费用	
减：租金	
减：财务费用	
加：营业外收益	
＝利润总额	
减：利润上缴（利润总额的 30%）	
＝利润留存	
减：所得税（利润留存的 25%）	
＝净利润	
历年利润累计	
门店初始投资额	

表 7.14 任务清单二——门店上缴利润

门 店	向总部上缴税前利润的 30%	□
总 部	接收门店上缴 30%利润	□

表 7.15 门店资产负债表二（单位：百万元）

资产	期初数	期末数	负债及所有者权益	期初数	期末数
现金			短期负债		
商品价值			应付账款		
固定资产			应交税金		
			长期负债		
			负债合计：		
			股东资本		
			以前年度利润		
			当年净利润		
			所有者权益合计：		
资产合计：			负债及所有者权益合计：		

表 7.16　门店损益表三（单位：百万元）

年份：　　　　地区：　　　　店名：

项目	金额
营业收入	
减：成本	
减：运营费用	
减：租金	
减：财务费用	
加：营业外收益	
=利润总额	
减：利润上缴（利润总额的 30%）	
=利润留存	
减：所得税（利润留存的 25%）	
=净利润	
历年利润累计	
门店初始投资额	

表 7.17　任务清单三——门店上缴利润

门　店	向总部上缴税前利润的 30%	□
总　部	接收门店上缴 30%利润	□

表 7.18　门店资产负债表三（单位：百万元）

资产	期初数	期末数	负债及所有者权益	期初数	期末数
现金			短期负债		
商品价值			应付账款		
固定资产			应交税金		
			长期负债		
			负债合计：		
			股东资本		
			以前年度利润		
			当年净利润		
			所有者权益合计：		
资产合计：			负债及所有者权益合计：		

表 7.19　门店损益表四（单位：百万元）

年份：　　　　地区：　　　　店名：

项目	金额
营业收入	
减：成本	
减：运营费用	
减：租金	
减：财务费用	
加：营业外收益	
=利润总额	
减：利润上缴（利润总额的 30%）	
=利润留存	
减：所得税（利润留存的 25%）	
=净利润	
历年利润累计	
门店初始投资额	

表 7.20　任务清单四——门店上缴利润

门　店	向总部上缴税前利润的 30%	□
总　部	接收门店上缴 30%利润	□

表 7.21　门店资产负债表四（单位：百万元）

资产	期初数	期末数	负债及所有者权益	期初数	期末数
现金			短期负债		
商品价值			应付账款		
固定资产			应交税金		
			长期负债		
			负债合计：		
			股东资本		
			以前年度利润		
			当年净利润		
			所有者权益合计：		
资产合计：			负债及所有者权益合计：		

7.5.5 总部年报

总部年报如表 7.22 ~ 7.25 所示。

表 7.22 年末的营业费用（单位：百万元）

项　目	金　额
运输费	
广告费	
大卖场上架费	
代理商返点	
大卖场返点	
其　他	
营业费用合计	

表 7.23 年末的管理费用（单位：百万元）

项　目	金　额
行政管理费	
建筑租金	
渠道建设费	
折旧费	
维护费	
其　他	
管理费用合计	

表 7.24 总部损益表（单位：百万元）

项　目	上　年	今　年
主营业务收入		
减：主营业务成本		
主营业务利润		
减：营业费用		
减：管理费用		
减：财务费用（利息等）		
=营业利润		
加：营业外净收益		
加：长期投资收益（门店上缴利润总和）		
=利润总额		
减：所得税（利润总额的 25%）		
=净利润		

表 7.25　总部资产负债表（单位：百万元）

资　产	期初数	期末数	负债及所有者权益	期初数	期末数
流动资产			负债		
现金			短期负债		
应收账款			应付账款		
在途商品			应交税金		
库存商品			长期负债		
流动资产合计：			负债合计：		
长期投资					
长期投资合计：			所有者权益		
固定资产					
土地建筑净值			股东资本		
房屋净值			以前年度利润		
在建工程			当年净利润		
固定资产合计：			所有者权益合计：		
资产总计：			负债及所有者权益总计：		

复习思考题

1. 简答题。

（1）什么是现金流？它对企业经营有什么意义？

（2）如何评价企业资金链是否有效？常用的评价指标有哪些？

2. 操作题。

试对公司进行下一年度的财务预算。

8 ERP 商业沙盘第四年经营

【学习目标】

知识目标：了解企业市场营销渠道决策的内容、功能和作用；掌握企业确定销售渠道模式的原则、方法和注意事项以及如何对渠道进行管理。

技能目标：通过实验了解企业在实际运作中开展营销渠道建设的步骤；掌握直销和分销两种模式的特点；熟悉专卖店、代理店、大卖场三种典型的终端销售门店的运作模式。

8.1 营销渠道的概念和特征

1. 营销渠道的概念

企业的营销渠道，是指企业的产品从生产者转移到消费者所经历过的不同销售环节所组成的通道。这条通道一般包括三类角色：生产企业、消费者以及连接两者之间的各种中间商。中间商的种类有很多种，根据其在营销渠道中所处的位置可分为批发商、代理商和零售商等。在沙盘模拟经营中，虚拟企业本身不是生产者，而是扮演大的批发商或代理商，企业从生产厂家购买商品，然后通过专卖店、代理店、大卖场以及网上直销四种方式进行销售，通过赚取差价来获得利润。

2. 营销渠道的特征

（1）它是联系企业与顾客的桥梁。营销渠道处于企业的外部，需要企业利用自身资源去建设和开拓，是企业销售产品从而获得利润的市场实现过程。

（2）它是一个相互联系的复杂的销售网络系统。处于这个网络系统中的各种角色包括生产者、批发商、代理商、零售商、顾客。其中，批发商、代理商又可分为多个等级，如一级代理、二级代理等。除此之外，营销渠道中还包括一些支持其运作的企业，如咨询机构、广告公司、仓储运输公司等。从更大范围上说，一些政府机构也可成为营销渠道的角色，如银行、工商、税务、法院等单位。营销渠道的流程具体如图 8.1 所示。

（3）它是一个具有多种功能的系统。营销渠道的基本功能是实现产品从生产企业向消费者的转移。除此之外，它还具备其他重要功能：① 帮助企业搜集市场中各种有价值的信息情报；② 营销渠道本身也是一个良好的宣传广告平台，能帮助企业向顾客更好地宣传和推广新产品；③ 具有仓储运输、分发赊购的功能；④ 具有融资、风险分担的功能。

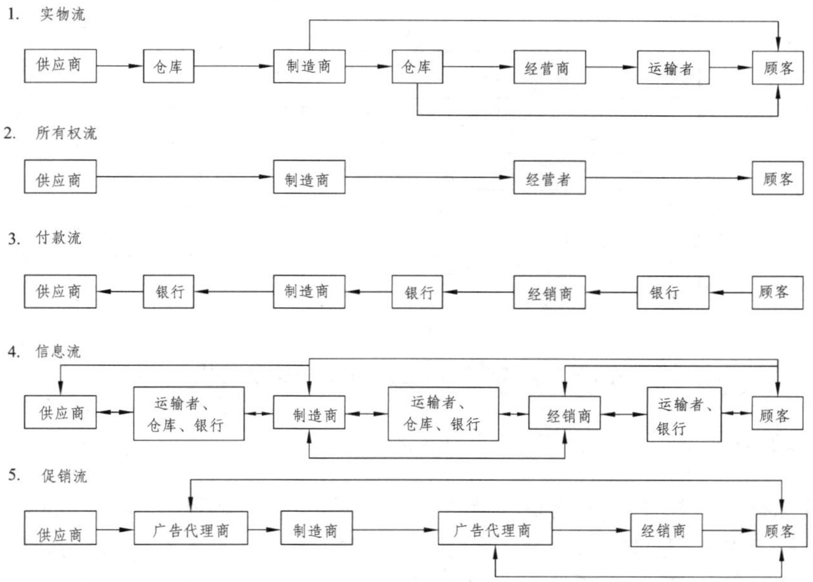

图 8.1　营销渠道的流程

8.2　营销渠道的长度结构

营销渠道的结构可按照长度和宽度两种方法来进行分类。其中最常见的是按照长度的分类。

按长度分类，就是根据营销渠道中间环节的多少来进行分类。除了生产者和最终顾客，中间的每一个销售企业或机构都称为中间流通环节或中间层次，各个中间层次的多少就构成了销售渠道的长度。在商品销售的过程中，中间层次越多，销售渠道就越长；反之，销售渠道就越短。

营销渠道的宽度是指渠道的每一个中间层次采用了同种类型的中间商数量的多少。比如，在沙盘模拟经营中，在东部和南部地区共有五家代理商销售商品，这五家代理商的数量就是企业代理商形式的销售渠道的宽度。

这里主要介绍营销渠道的长度结构。

根据营销渠道长度的不同，可以将渠道分为以下几种类型：零级渠道、一级渠道、二级渠道、三级渠道，具体如图 8.2 所示。

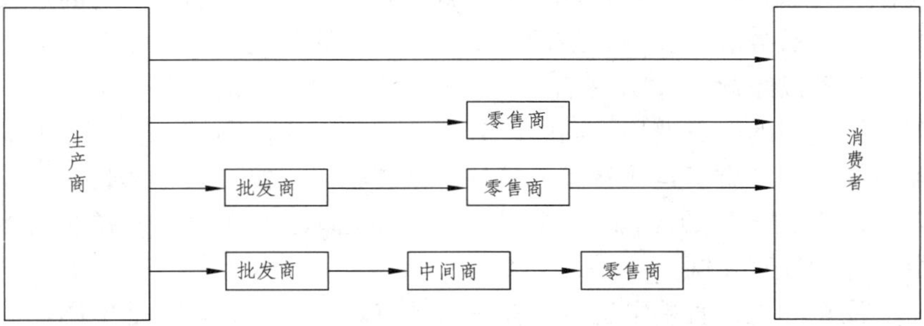

（a）

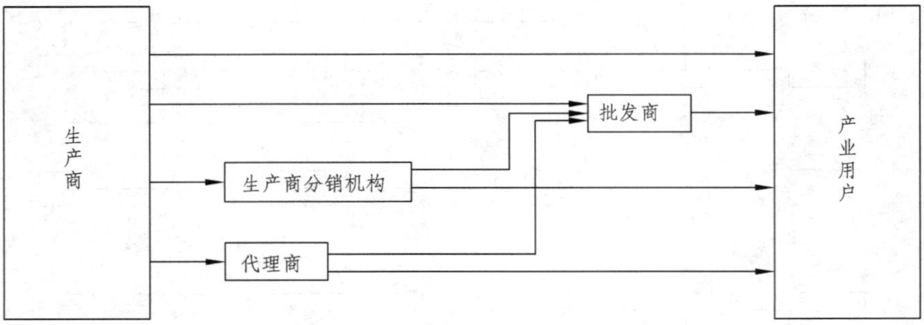

（b）

图 8.2 产业市场营销渠道的长度结构

8.2.1 零级渠道

零级渠道也称直接渠道，是指由生产企业直接把产品卖给最终消费者的渠道类型。在销售过程中，它没有其他任何中间环节，产品所有权的转移只发生一次就完成了。在直接渠道中，生产者的身份是双重的，既是生产者也是销售者。在沙盘模拟经营中，零级渠道是所有虚拟公司在经营初期普遍采用的一种销售渠道。

零级渠道的销售形式有三种：直接销售、直复营销、企业直属门店销售。前两种销售形式没有实体店，而第三种销售形式有实体店支撑。

直接销售主要是人员推销，即销售者和顾客面对面进行的销售。比如常见的上门推销、办公室推销、产品推介会、产品展销会等。

直复营销主要是远程销售，销售人员和顾客进行不见面的销售。比如常见的网络营销、电话营销、电子邮件营销、电视营销等，沙盘经营中的“E 门店”就属于直复营销。

企业直属门店销售是指生产企业自行建设或租赁实体门店来进行的商品销售、产品服务、技术支持等。常见的门店形式有：专卖店、销售门市部、“4S 店”、大卖场专柜等。在沙盘模拟经营中，专卖店和大卖场专柜两种门店形式都属于企业直属门店销售。

直接渠道的好处是显而易见的。首先，直接渠道省去了所有的中间环节，能极大地降低营销成本，使顾客以相对较低的价格购买商品，企业产品迅速打开销路、占领市场，提高销售收入。其次，直接渠道为生产者和消费者提供了直接接触的机会，既有利于改进产品的缺陷和不足，也有利于厂家收集顾客的意见和建议，促进新产品的研发和生产，同时为消费者提供更周到更满意的服务。一个典型的例子是“淘宝网”的 C2C 网店。在淘宝网上开店的商家和个人已突破两万家，很多消费者都习惯于直接在网上购买商品。网购的最大特点就是价廉物美，而且个性化服务非常突出。最后，直接渠道的回款速度快，能有效加快企业的资金周转速度。在沙盘模拟经营中，“E 门店”不需要投入建设实体店的巨额资金，不占用宝贵的现金资源，降低了公司的财务费用。同时，直接从东部仓库向顾客发货，省去了运输环节，既缩短了运输时间，又节省了运输费用。另外，销售收入直接计入总部收入，省去了门店的利润截留。因此，“E 门店”的经营是各家公司的必争之地！谁的网店订单拿得多，谁就可能取得优势，取得好的经营业绩。

当然，需要注意的是，直接渠道也存在一些缺点。首先，企业既是生产者也是销售者，当企业的生产、销售规模扩大到一定程度以后，维持直接渠道所耗费的人力、物力、财力等资源将越来越大，很多企业势必难以为继。其次，企业要承担商品从厂家到顾客的一切流通职能，增加了流通耗费和资金占用周期，并且企业要独立承担全部的市场风险，加大了企业经营的困难。最后，企业自身的地域限制使企业不可能在所有市场上都建设直接渠道。企业能接触到的市场和消费者总是有限的，只局限在直接渠道会使企业失去很多市场。因此，采取间接渠道来开发这部分市场就是一个良好的选择。

【案例分析】

DELL 公司的直销模式

Dell 销售：直销

1. 营销方式：

（1）热线电话。

（2）网上订购。

2. 营销模式的改变。

（1）支付方式：先付款，再发货。

（2）高效和供应链系统：在承诺的时间准时交货率为 99.8%。

（3）高效的服务体系：

① 第一次上门解决客户问题率 90%。

② （电话、网络）在线解决客户问题率 70%。

（4）大规模定制方式：

① 客户纂行配置系统。

② 大规模采购，大规模制造。

（5）零库存生产：按客户订单生产，确保零库存。

（资料来源：金蝶中国。）

8.2.2　间接渠道

不属于直接渠道的营销形式都可以称为间接渠道，又称分销渠道。因此，一级、二级、三级渠道都属于间接渠道。在间接渠道中，生产厂家和消费者不发生直接的销售关系，产品的销售是通过一级或多级中间商来完成的。一级渠道，即只有一层中间商，如消费者市场的零售商和产业市场的销售代理商；二级渠道，即说明有两层中间商，如消费者市场的批发商和零售商，以及产业市场的一级代理商和二级代理商；三级渠道，即说明有三层或三层以上的中间商，如消费者市场的日用品市场，这类商品市场广阔、销售量巨大。因此，各级中间商遍布整个营销渠道的销售链，包括各级代理商、各级批发商以及各种形式的零售商等。沙盘模拟经营中的代理店就属于间接渠道。

分销渠道具有以下优点：

（1）分工协作，各司其职。分销渠道中，由于有中间商机构负责商品的销售，所以生产企业可以专注于产品的开发和生产，能有效提高资源的使用效率。同时，中间商大多具有专业的销售水平，能更好地销售产品、扩大销路。因此，分销模式能发挥各自在专业领域的优势，取长补短。

（2）利益共享，风险公担。一方面，分销模式把生产商和中间商的利益紧密结合在一起。

生产商以低于零售价的批发价把商品销售给中间商，中间商再以零售价销售给消费者。从单位产品看，生产商需要输送一部分收入给中间商分享，但是由于省去了销售环节，生产商的销售成本也同步降低，因此利润率并没有太大改变。同时，中间商的销售优势，使生产商把市场扩大到仅仅依靠直销模式所不能占领的空白区域，这极大地提高了商品的市场占有率，有效增加了销售收入，从而增加了生产商和中间商的共同利润，创造了“共赢”的局面。另一方面，中间商提供了完整的物流运输体系、销售队伍和终端门店，能有效分担生产商的人力成本、时间成本和资金成本，在面对市场风险时，各方能密切协作，共渡难关，以提高抵御风险的能力。在沙盘模拟经营中，代理店（分销渠道）在向总部申请配货时，不允许挂应付账款，而是在收货的时候就直接以现金的方式向总部支付货款，这就是中间商分担资金成本的例子。

（3）能为消费者提供更优质的服务。中间商多数都拥有丰富的营销经验和完备的“进、销、存”体系。因此，能为消费者提供更专业、更优质的服务。在销售的过程中，中间商还能及时将顾客对产品的意见和建议反馈给生产商，便于厂家对产品进行改进和升级换代。

分销渠道的缺点主要表现在以下三个方面：

（1）中间商增加了产品的销售环节。生产商在选择中间商的过程中不得不花费大量的时间和精力来选择最合适的合作伙伴。同时，生产商与各级中间商以及顾客之间的信息交流比较困难，分销渠道的长度越长，信息传递的效率就越低。

（2）中间商的存在隔断了生产商与市场的联系。这使生产商的销售命脉掌握在中间商的手里，一旦中间商不执行生产商的销售政策，甚至停止与生产商的合作，生产商将面临较大的市场风险。

（3）对于技术性很强的产品（如复杂的软件系统）或者产业市场（如大型工程设备市场），中间商的专业技术水平可能达不到产品销售或维护的要求。这时仍然需要生产商派驻专业技术人员参与销售和提供技术服务，或者生产商需要增加一定的成本对中间商进行培训。

【案例分析】

一汽奥迪的分销模式

1. 奥迪销售：分销。

2. 渠道经营理念：

（1）原则上不做直销。

（2）百分之百支持代理商。

3. 发展代理商的标准：

（1）注重代理商的质量。

（2）严格控制代理商数目。

（3）代理商要能体现出奥迪专业的品牌形象。

（4）代理商需经过仔细的认证授权和严格的技术培训。

（资料来源：金蝶中国。）

8.3 营销渠道的设计与建设

所谓渠道设计，就是生产企业为了实现销售目标而对其营销渠道的长度和宽度进行分析、选择、设计和评估的过程。营销渠道（Place）是“4P”理论中的重要因素之一。在现实市场中，除了生产企业以外，代理商、批发商和零售商也需要对其营销渠道进行设计。比如在沙盘模拟经营中，虚拟公司扮演的就是一个代理商的角色，同样要对自己的营销渠道进行设计和决策。

8.3.1　渠道设计的原则

1. 指导原则

渠道在设计之初，应该着力于促进企业提升产品销售量、扩大产品的市场占有率，帮助企业树立形象，推广产品品牌。同时，好的营销渠道能帮助各级中间商成长，共同发展壮大。

2. 高效原则

营销渠道在设计过程中，产品从生产商到消费者的流动以及信息从消费者和各级中间商向生产商反馈的过程都应该是畅通的、高效的，不应该出现阻塞、断裂和迟缓的现象，即营销渠道设计的高效原则。一个高效的营销渠道能够提高企业产品的销售速度、降低企业和中间商的渠道维护费用，同时又能及时地把市场信息反馈给生产企业，帮助其改进产品，从而增强企业的市场竞争力。

3. 维护原则

设计营销渠道的时候，还需要遵循区域保护、分级发展、保障利润的原则。生产企业不能片面追求自身利益最大化，还应该保护中间商的合理利益，要积极帮助中间商从低等级向高等级不断发展。只有中间商的力量壮大了，生产商的利益才能得到更大的实现。另外，当不同中间商的利益发生冲突时，渠道经营者还必须进行协调处理，保证渠道的正常运转。

在沙盘模拟经营中，渠道设计任务相对比较简单，总共有两种模式可供选择：直销（对应的门店有专卖店、大卖场和 E 门店）和分销（代理店）。在经营过程中，不同地区采取什么样的渠道设计，主要考虑的因素是产品在当地市场的容量预测，即未来年度产品订单在不同门店类型中的分布。比如，当预测出下一年度在南方市场 C 产品的订单分布为专卖店：代理店：大卖场：E 门店 = 2：1：4：1，则企业应该大力开拓直销市场，建设专卖店和大卖场，争取获得更多的产品订单。

8.3.2　渠道设计的流程

1. 确认是否要进行渠道设计或改造

什么情况下需要对营销渠道进行设计或改进呢？主要有以下几种情况：

（1）企业成立之初；

（2）企业转轨变型时；

（3）新产品推出之时；

（4）现有营销渠道出现比较大的问题或弊端时；

（5）外部市场环境出现重大变化时。

2. 对市场中的各种因素进行周密分析

分析的主要内容包括：

（1）企业现有渠道状况；

（2）企业产品的特点；

（3）消费者的特点；

（4）竞争对手的渠道状况；

（5）市场其他环境因素等。

只有对市场中的各种因素都进行了详细的分析，才能制定出合理可行的渠道设计方案。

3. 渠道结构决策

在渠道长度方面，采取直销渠道还是分销渠道？或者两种模式兼而有之？在渠道宽度方面，是采取密集型渠道（多家代理）还是独家分销（独家代理）？在企业和中间商的合作分工方面，采取一种什么样的方式？物流如何实现？产品服务由谁来负责？以上这些问题，都需要企业在渠道结构决策中逐一解决。

8.3.3　终端门店的建设决策

1. 销售终端的价值取向

在沙盘模拟经营中，一共有四种形式的门店：专卖店、代理店、大卖场（专柜）、E 门店。其中，前三者是实体店，最后一种属于网络营销的虚拟店。这四种门店在建设过程中体现了不同的价值取向。

（1）专卖店：是企业品牌形象的延伸。它体现了生产企业的高品质服务，同时也是树立企业社会形象、传播企业文化的重要窗口。专卖店对企业而言，不但应注重经济利益，同时也应注重社会效益。

（2）代理店：以较低的成本运作，布局较大的市场网络。代理店的经营成本对生产商而言最低，建设也最容易，这有利于企业产品快速进入市场、占领市场，使消费者在较短时间内对企业和产品产生认同感。

（3）大卖场：提倡一站式购物的体验，天天低价的超值享受。大型卖场、超市的顾客人流量众多，进入卖场的消费者购买欲望强烈。企业在大卖场开设专柜，借助大卖场旺盛的人气，可以迅速与消费者建立直接联系，获得市场的第一手情报，通过导购员的现场展示和导购，能够把产品快速推向市场。

（4）E 门店：低价直销、提供无国界的服务。网络直销在近几年来已经成为众多企业越来越重视的直接营销方式。网店的特点是无须实体店的支持，免去了高昂的建店费用，没有中间环节，节省营销成本。随着互联网的发展、网银支付手段的进步、网络安全保护方法的不断完善，电子商务将逐渐成为未来直接营销渠道的主要形式。

2. 销售终端建立策略

那么在实际运作中，该如何决定建设何种类型的终端门店呢？我们可以从盈亏平衡、门店价值、品牌价值三个方面来进行分析和确认。

首先，从盈亏平衡关系来看，一种产品的用户量越多，产品的产量也就越大，与之相对应的产品价格也就越低，此时适合的门店类型可以选择大卖场、代理店和 E 门店；反之，产品的用户量越少，产品的产量也就越小，与之相对应的产品价格也就越高，此时可供选择的门店包括专卖店或代理店，如图 8.3（a）所示。

其次，从单位终端用户量和终端数量的对应关系上来看，每个终端的单位用户量越少，其终端价值就越低，这时就要建设更多的终端门店，突出“以量取胜”，适合建设的门店包括专卖店、E 门店或者部分代理店；反之，每个终端的单位用户量越多，其终端价值就越高，这时就要少建设终端门店，突出“以质取胜”，适合建设的门店包括大卖场或部分代理店，如图 8.3（b）所示。

最后，从终端的品牌价值来看，终端建设成本越高，其价值就越大，终端数量越多，其社会影响力就越广。因此，企业可以根据这两个参数把终端的品牌价值分成四个象限，如图 8.3（c）所示。当企业注重产品的品牌决策时，就应该以建设专卖店为主；如果只注重经济效益，则应该以建设大卖场专柜为主。

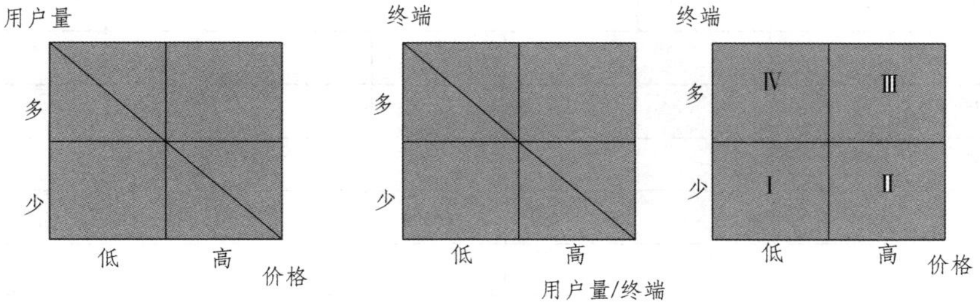

（a）盈亏平衡　　（b）终端价值　　（c）品牌价值

图 8.3　销售终端价值分析示意图

三种分析方法的结果如表 8.1 所示。

表 8.1　销售终端建立决策一览表

决策类型	产品价格	下限用户量	终端价值	品牌决策	终端类型
1	高	少	少	Ⅱ，适合	专，代
2	高	少	多	Ⅲ，最适合	专，代
3	低	多	少	Ⅰ，不适合	大
4	低	多	多	Ⅳ，适合	大，代

8.4　第四年模拟经营操作

8.4.1　销售订单

销售订单如表 8.2 ~ 8.5 所示。

表 8.2　销售订单一

市　场								
季　度								
门店类型								
产品名称								

续表

门店进货价								
零售价								
订单数量								
订单销售额								
订单成本								
订单毛利								

表 8.3　销售订单二

市　场								
季　度								
门店类型								
产品名称								
门店进货价								
零售价								
订单数量								
订单销售额								
订单成本								
订单毛利								

表 8.4　销售订单三

市　场								
季　度								
门店类型								
产品名称								
门店进货价								
零售价								
订单数量								
订单销售额								
订单成本								
订单毛利								

表 8.5　销售订单四

市　场								
季　度								
门店类型								

续表

产品名称								
门店进货价								
零售价								
订单数量								
订单销售额								
订单成本								
订单毛利								

8.4.2　总部配送记录

总部配送记录如表 8.6 ~ 8.9 所示。

表 8.6　总部配送记录一

市　场								
季　度								
门店名称								
产品名称								
总部采购价								
门店进货价								
配送数量								
总部销售额								
总部成本								
总部毛利								

表 8.7　总部配送记录二

市　场								
季　度								
门店名称								
产品名称								
总部采购价								
门店进货价								
配送数量								
总部销售额								
总部成本								
总部毛利								

表 8.8　总部配送记录三

市　场								
季　度								
门店名称								
产品名称								
总部采购价								
门店进货价								
配送数量								
总部销售额								
总部成本								
总部毛利								

表 8.9　总部配送记录四

市　场								
季　度								
门店名称								
产品名称								
总部采购价								
门店进货价								
配送数量								
总部销售额								
总部成本								
总部毛利								

8.4.3　任务清单

任务清单如表 8.10 ~ 8.12 所示。

表 8.10　年初任务清单

总　部	（1）缴纳上一年度税金 （2）缴纳广告费 （3）登记销售订单	□ □ □
门　店	（4）缴纳上一年度税金	□

表 8.11　季度任务清单

		季度一	季度二	季度三	季度四
门　店	1. 更新短期贷款/还本付息/申请短期贷款	□	□	□	□
总　部	2. 更新短期贷款/还本付息/申请短期贷款	□	□	□	□
	3. 更新应付账款/归还应付账款	□	□	□	□
	4. 租用新仓库/支付仓库租金/新建仓库	□	□	□	□
	5. （采购环节）运输入库/更新运输	□	□	□	□
	6. 更新采购订单/采购订单交付货运	□	□	□	□
	7. 支付采购货款/采购货款挂应付账款	□	□	□	□
	8. 支付（采购环节）运输费用	□	□	□	□
	9. 下采购订单	□	□	□	□
	10. 决策投资新门店/变卖门店	□	□	□	□
	11. 支付专卖店投资款	□	□	□	□
	12. 支付大卖场上架费	□	□	□	□
门　店	13. 接受初始投资款或贷款	□	□	□	□
总　部	14. 仓库（配送环节）更新运输	□	□	□	□
门　店	15. 收取总部配送商品，付现或挂应付账款	□	□	□	□
总　部	16. 收取代理货款	□	□	□	□
门　店	17. 向总部申请配货	□	□	□	□
总　部	18. 仓库配送商品，挂应收账款（代理不挂）	□	□	□	□
	19. 支付（配送环节）运输费	□	□	□	□
门　店	20. 按销售订单交货，收取货款	□	□	□	□
	21. 支付总部应付账款，冲销应付账款	□	□	□	□
总　部	22. 收取门店销售货款，冲销应收账款	□	□	□	□
门　店	23. 支付租金	□	□	□	□
总　部	24. 支付行政管理费	□	□	□	□

表 8.12　年末任务清单

门店	1. 支付运营费用	□
	2. 更新长期贷款/支付利息	□
	3. 清盘	□
总部	4. 更新长期贷款/申请长期贷款/支付利息	□
	5. 支付仓库维护费	□
	6. 计提折旧	□
	7. 开拓渠道（直销/分销）	□
	8. 门店损失记入坏账	□
	9. 调整与门店的结算比例	□
	10. 关账	□

8.4.4 门店年报

门店年报如表 8.13 ~ 8.27 所示。

表 8.13 门店损益表一（单位：百万元）

年份： 地区： 店名：

项目	金额
营业收入	
减：成本	
减：运营费用	
减：租金	
减：财务费用	
加：营业外收益	
=利润总额	
减：利润上缴（利润总额的 30%）	
=利润留存	
减：所得税（利润留存的 25%）	
=净利润	
历年利润累计	
门店初始投资额	

表 8.14 任务清单一——门店上缴利润

门 店	向总部上缴税前利润的 30%	□
总 部	接收门店上缴 30%利润	□

表 8.15 门店资产负债表一（单位：百万元）

资产	期初数	期末数	负债及所有者权益	期初数	期末数
现金			短期负债		
商品价值			应付账款		
固定资产			应交税金		
			长期负债		
			负债合计：		
			股东资本		
			以前年度利润		
			当年净利润		
			所有者权益合计：		
资产合计：			负债及所有者权益合计：		

表 8.16　门店损益表二（单位：百万元）

年份：　　　　地区：　　　　店名：

项目	金额
营业收入	
减：成本	
减：运营费用	
减：租金	
减：财务费用	
加：营业外收益	
=利润总额	
减：利润上缴（利润总额的 30%）	
=利润留存	
减：所得税（利润留存的 25%）	
=净利润	
历年利润累计	
门店初始投资额	

表 8.17　任务清单二——门店上缴利润

门　店	向总部上缴税前利润的 30%	□
总　部	接收门店上缴 30%利润	□

表 8.18　门店资产负债表二（单位：百万元）

资产	期初数	期末数	负债及所有者权益	期初数	期末数
现金			短期负债		
商品价值			应付账款		
固定资产			应交税金		
			长期负债		
			负债合计：		
			股东资本		
			以前年度利润		
			当年净利润		
			所有者权益合计：		
资产合计：			负债及所有者权益合计：		

表 8.19 门店损益表三（单位：百万元）

年份： 地区： 店名：

项目	金额
营业收入	
减：成本	
减：运营费用	
减：租金	
减：财务费用	
加：营业外收益	
=利润总额	
减：利润上缴（利润总额的 30%）	
=利润留存	
减：所得税（利润留存的 25%）	
=净利润	
历年利润累计	
门店初始投资额	

表 8.20 任务清单三——门店上缴利润

门　店	向总部上缴税前利润的 30%	□
总　部	接收门店上缴 30%利润	□

表 8.21 门店资产负债表三（单位：百万元）

资产	期初数	期末数	负债及所有者权益	期初数	期末数
现金			短期负债		
商品价值			应付账款		
固定资产			应交税金		
			长期负债		
			负债合计：		
			股东资本		
			以前年度利润		
			当年净利润		
			所有者权益合计：		
资产合计：			负债及所有者权益合计：		

表 8.22　门店损益表四（单位：百万元）

年份：　　　　地区：　　　　店名：

项目	金额
营业收入	
减：成本	
减：运营费用	
减：租金	
减：财务费用	
加：营业外收益	
=利润总额	
减：利润上缴（利润总额的 30%）	
=利润留存	
减：所得税（利润留存的 25%）	
=净利润	
历年利润累计	
门店初始投资额	

表 8.23　任务清单四 ——门店上缴利润

门　店	向总部上缴税前利润的 30%	□
总　部	接收门店上缴 30%利润	□

表 8.24　门店资产负债表四（单位：百万元）

资产	期初数	期末数	负债及所有者权益	期初数	期末数
现金			短期负债		
商品价值			应付账款		
固定资产			应交税金		
			长期负债		
			负债合计：		
			股东资本		
			以前年度利润		
			当年净利润		
			所有者权益合计：		
资产合计：			负债及所有者权益合计：		

表 8.25 门店损益表五（单位：百万元）

年份： 地区： 店名：

项目	金额
营业收入	
减：成本	
减：运营费用	
减：租金	
减：财务费用	
加：营业外收益	
=利润总额	
减：利润上缴（利润总额的 30%）	
=利润留存	
减：所得税（利润留存的 25%）	
=净利润	
历年利润累计	
门店初始投资额	

表 8.26 任务清单五——门店上缴利润

门　店	向总部上缴税前利润的 30%	☐
总　部	接收门店上缴 30%利润	☐

表 8.27 门店资产负债表五（单位：百万元）

资产	期初数	期末数	负债及所有者权益	期初数	期末数
现金			短期负债		
商品价值			应付账款		
固定资产			应交税金		
			长期负债		
			负债合计：		
			股东资本		
			以前年度利润		
			当年净利润		
			所有者权益合计：		
资产合计：			负债及所有者权益合计：		

8.4.5　总部年报

总部年报如表 8.28 ~ 8.31 所示。

表 8.28　年末的营业费用（单位：百万元）

项　目	金　额
运输费	
广告费	
大卖场上架费	
代理商返点	
大卖场返点	
其　他	
营业费用合计	

表 8.29　年末的管理费用（单位：百万元）

项　目	金　额
行政管理费	
建筑租金	
渠道建设费	
折旧费	
维护费	
其　他	
管理费用合计	

表 8.30　总部损益表（单位：百万元）

项　目	上　年	今　年
主营业务收入		
减：主营业务成本		
主营业务利润		
减：营业费用		
减：管理费用		
减：财务费用（利息等）		
=营业利润		
加：营业外净收益		
加：长期投资收益（门店上缴利润总和）		
=利润总额		
减：所得税（利润总额的 25%）		
=净利润		

表 8.31　总部资产负债表（单位：百万元）

资　产	期初数	期末数	负债及所有者权益	期初数	期末数
流动资产			负债		
现金			短期负债		
应收账款			应付账款		
在途商品			应交税金		
库存商品			长期负债		
流动资产合计：			负债合计：		
长期投资			所有者权益		
长期投资合计：					
固定资产					
土地建筑净值			股东资本		
房屋净值			以前年度利润		
在建工程			当年净利润		
固定资产合计：			所有者权益合计：		
资产总计：			负债及所有者权益总计：		

复习思考题

1. 简答题。

（1）简述营销渠道的概念和特征。

（2）简述零级营销和间接营销的内容和特点。

2. 操作题。

（1）制定公司的营销渠道策略。

（2）试说明公司采取了什么样的终端门店建设策略。

9　ERP 商业沙盘第五年经营

【学习目标】

知识目标：了解企业价值的评估模型、市场营销运作的思路、物流运作技术的种类。

技能目标：通过实验熟悉如何评估企业价值；学会如何制定企业的营销运作策略；建立企业物流运作技术思想。

9.1　企业价值评估模型

企业价值评估，是一种经济评估方法，其目的在于分析和衡量企业的公平市场价值并提供有关信息，以帮助投资人和管理部门改善决策。

企业价值评估提供的信息不仅是企业价值的一个数字，还包括评估过程中产生的大量信息。例如，企业价值是由哪些因素驱动的，销售净利率对企业价值的影响有多大，提高资本报酬率对企业价值的影响有多大等。即使企业价值的最终评估值不是很准确，这些中间信息也是很有意义的。因此，不要过分关注最终结果而忽视评估过程中产生的其他信息。

企业价值受企业状况和市场状况的影响，随时都会发生变化。价值评估依赖的企业信息和市场信息也在不断流动，新信息的出现随时可能改变评估的结论。因此，企业价值评估提供的结论有很强的时效性。

企业价值评估的目的是帮助投资人和管理部门改善决策。它的主要用途表现在以下三个方面：

（1）可以用于投资分析。投资人认为企业价值与财务数据之间存在函数关系，这种关系在一定时间内是稳定的，证券价格与价值的偏离经过一段时间的调整会向价值回归。他们据此原理寻找并且购进被市场低估的证券或企业，以期获得高于市场平均报酬率的收益。

（2）可以用于战略分析。战略分析是指使用定价模型清晰地说明经营设想和发现这些设想可能创造的价值，其目的是评价企业目前和今后增加股东财富的关键因素。而价值评估在战略分析中有核心作用。例如，收购属于战略决策，收购企业要估计目标企业的合理价格，在决定收购价格时要对合并前后的价值变动进行评估，以判断收购能否增加股东财富，以及依靠什么来增加股东财富。

（3）可以用于以价值为基础的管理。不了解一项决策对企业价值的影响，就无法对决策进行评价。从这种意义上说，价值评估是改进企业一切重大决策的手段。

企业价值评估使用的模型的功能是把预测数据转换为企业价值。在实务中，使用的模型比较多，但大体上可以分为以下三种类型。

9.1.1 现金流量折现模型

现金流量折现模型的基本思想是增量现金流量原则和时间价值原则，也就是任何资产的价值是其产生的未来现金流量的现值。

现金流量是指各期的预期现金流量。不同资产的未来现金流量表现形式不同，债券的现金流量是利息和本金，投资项目的现金流量是项目引起的增量现金流量。在价值评估中可供选择的企业现金流量有三种：股利现金流量、股权现金流量和实体现金流量。依据现金流量的不同种类，企业估价模型包括三种：① 股利现金流量模型；② 股权现金流量模型；③ 实体现金流量模型。

9.1.2 经济利润模型

经济利润，也称经济增加值，是指从超过投资者要求的报酬率中得来的价值。其公式为：

经济利润 = 期初投资资本×（期初投资资本报酬率 − 加权平均资本成本）
　　　　 = 期初投资资本×期初投资资本报酬率 − 期初投资资本×加权平均资本成本
　　　　 = 息前税后营业利润 − 资本费用

经济利润不同于会计利润，两者的主要区别在于：经济利润扣除了股权资本费用，而不仅仅是债务费用；会计利润仅扣除债务利息，而没有扣除股权资本成本。

企业价值评估的经济利润模型：

企业价值 = 投资资本 + 预计经济利润的现值

该模型的基本思想是，如果每年的息前税后利润正好等于债权人和股东要求的收益，即经济利润等于零，则企业的价值没有增加，也没有减少，仍然等于投资资本。

9.1.3 相对价值模型

相对价值模型是运用一些基本的财务比率评估一家企业相对于另一家企业的价值。其基本做法是：① 寻找一个影响企业价值的关键变量（如净利润）；② 确定一组可以比较的类似企业，计算可经企业的市价/关键变量的平均值（如平均市盈率）；③ 根据目标企业的关键变量（如净利润）乘以得到的平均值（平均市盈率），计算出目标企业的评估价值。

相对价值法，是将目标企业与可比企业对比，用可比企业的价值衡量目标企业的价值。如果可比企业的价值被高估了，则目标企业的价值也会被高估。实际上，所得结论是相对于可比企业来说的，以可比企业价值为基准，是一种相对价值，而非目标企业的内在价值。

例如，你准备购买商品住宅，出售者报价 50 万元，你是如何评估这个报价呢？一个简单的办法就是寻找一个类似地段、类似质量的商品住宅，计算每平方米的价格及价格与面值的比率。假设是 0.5 万元/平方米，你拟购置的住宅是 80 平方米，利用相对价值法评估它的价值是 40 万元，于是你就会认为出售者的报价高了。你对报价高的判断是相对于类似商品住宅说的，它比类似住宅的价格高了。实际上，也可能是类似住宅的价格偏低。

相对价值模型是以市盈率模型为代表的，即：

每股价值 = 市盈率×目标企业每股收益

9.2　市场营销运作实施

营销运作可从以下几个方面进行具体实施：品牌营销、品类管理（如产品、价格和促销数据库，优化商品组合等）、优化促销（如优化新产品引进、优化货架等）。

9.2.1　品牌营销

品牌营销（Brand Marketing）是通过市场营销使客户形成对企业品牌和产品的认知过程。企业要想不断获得和保持竞争优势，必须构建高品位的营销理念。最高级的营销不是建立庞大的营销网络，而是利用品牌符号，把无形的营销网络铺建到社会公众心中，把产品输送到消费者心中，使消费者选择消费时认可这个产品，投资商选择合作时认可这个企业。品牌营销简单地说就是把企业的品牌深刻地映入消费者的心中。

美国沃尔玛公司给人的第一印象：价格低廉，质量可信。这具体表现在：质量保证，货源充足；保证供应商利益，帮助供应商降低成本；“顾客永远是对的”，微笑退货制度。

国美的三招品牌战术：第一招——动摇军心。国美在新店开张前 1 ~ 4 个月内在当地媒体多次大幅刊登招聘启事和广告，招聘启事均以高薪厚禄动荡当地家电渠道人员军心，广告则承诺消费者“天天低价”。第二招——开业震撼。国美在开业前均要精心策划推出“特价机”，如市面上 29 寸超平彩电还是 2000 元左右时，国美能推出 699 元的特价机，极端的时候甚至推出过一元的“特价机”，开业当天人山人海，场面火爆，再组织媒体通篇报道，围绕这种势头层层击破消费者的心理防线，“震慑”对手。第三招——高举高打。以领导者的姿态制造“事件营销”，控制供应商。比如：2000 年七八月，国美成功狙击彩电价格联盟，2001 年 4 月举办“国美空调流行趋势发布会”；2001 年 11 月，推出“国美服务工程”；2002 年 7 月举办“中国手机高峰论坛”。所有这些的目的都在于，以量诱惑制造商，首先在制造商之间展开价格战。

9.2.2　品类管理

品类（Category）是指消费者认为相关且可以相互替代的一组特殊商品或服务。品类管理（Category Management，CM）是分销商和供应商合作，将品类视为策略性事业单位来经营的过程，并通过在商品中创造消费者价值来创造更佳的经营绩效。品类管理是把所经营的商品分为不同的类别，并把每一类商品作为企业经营战略的基本活动单位进行管理的一系列相关活动。它通过强调向消费者提供超值的产品或服务来提高企业的营运效果。品类管理的含义如图 9.1 所示。

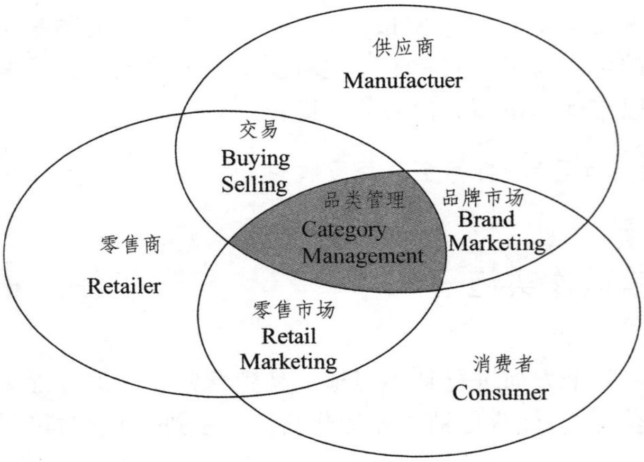

图 9.1　品类管理的含义

在品类管理的经营模式下，零售商通过 POS 系统掌握消费者的购物情况，而由供应商搜集消费者对于商品的需求，并分析消费者对品类的需求后，再共同制定品类目标，如商品组合、存货管理、新商品开发及促销活动等。表 9.1 列出了传统超市管理与实施品类管理的超市管理的差异。

表 9.1　传统超市管理与实施品类管理的超市管理的差异

传统超市	品类管理超市
销售所采购的品项	采购应销售的品项
战略性	策略性
以产品为主	以消费者为主
零售商与供应商协商	双方成为合作伙伴
将产品推入超市	消费者买走产品
厂商提供利润	消费者产生利润
以进货数量为依据	以实际销售为依据

品类管理的流程主要包括八个步骤，即品类定义、品类角色、品类评估、品类评分表、品类策略、品类战术、品类计划实施和品类回顾。品类管理流程如图 9.2 所示。

9.2.3　优化促销

促销战略与每一个品类的需求和商业目的相一致。优化促销是指选择要促销的具体品类，制订促销计划、实施促销并对促销进行定量分析。

优化促销主要包括三个方面的优化：① 从品类优化的角度选择促销商品；② 从货架优化的角度选择促销终端；③ 从促销优化的角度提高销售效率，减少反应时间。

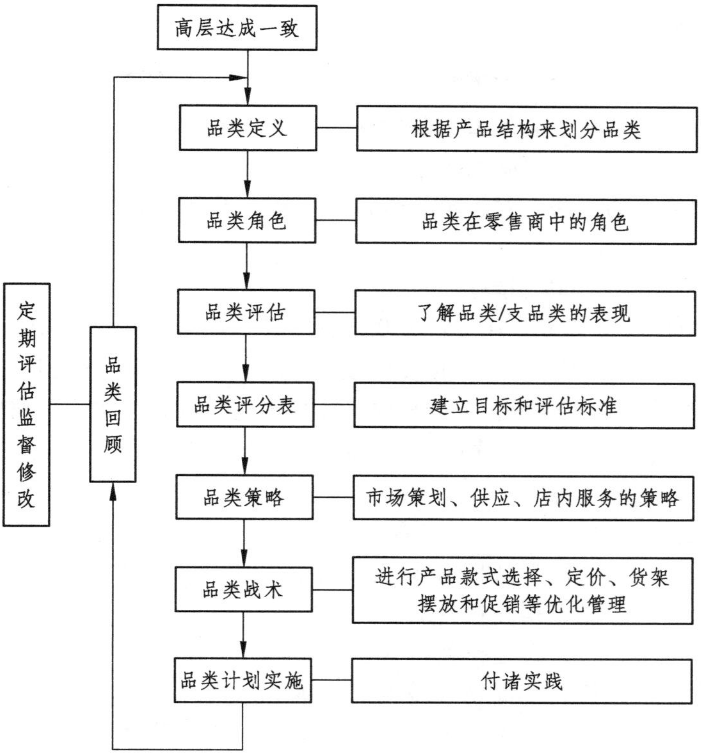

图 9.2　品类管理的流程

1. 促销策略的制定

在制定促销策略时，要注意以下几点：

（1）公司的目标客户群是什么？什么样的促销计划可以吸引客户？

（2）客户关注的商品组合是什么？目标客户对于促销的回应是什么？

（3）竞争对手的促销手段是什么？

（4）选择合适的促销策略。

一般来说，有如下几种策略可供选择：

① 吸引人潮：也就是日本企业常说的“聚客”，只要客户来了，一切都好办。

② 创造交易：鼓励客户消费。

③ 创造利润：采取各种手段吸引客户购买较高毛利的商品。

④ 创造奇迹：使客户时刻有新鲜感，不断促成新的购买。

2. 促销实施

在促销实施时，注意以下工作重点：

（1）与供应商进行谈判：与供货商确定促销商品的促销价格、促销数量。

（2）促销商品组织：促销商品的订货、进货、仓储、物流配送准备。

（3）货架优化及相关的陈列方法：货架空间的规划、促销商品的上架陈列及搭配商品的选择。

（4）促销宣传品与促销：DM 的设计、制作、发放、POP 的制作、悬挂。

（5）相关人力资源管理：促销人员的准备。

3. 促销分析

（1）对于单品分析，我们必须采用阶段性的综合分析方法，找出促销及促销频度对于销售的贡献，不应该只看某一段时间的销售额、毛利额。

（2）采取品类分析的方法，对于单品进行销售额、毛利、周转率、成本的综合加权分析方法。

（3）进行关联性分析，主要指标如下：

① 商品的支持度及可信度。在进行关联性分析时，找出商品的关联性。该指标可以清晰地揭示商品是否存在关联关系，以及可信度有多大。由于篇幅所限，此处我们不进行详细阐述。

② 商品的搭配关系。在进行相关分析时，要找出商品的搭配关系。我们都知道“啤酒与尿布”的故事，但是要注意一个顺序问题，“尿布与啤酒”就不成立，一般来说，会存在两种搭配关系。

③ 不同品类的搭配关系。比如“啤酒与尿布”。

④ 同一品类的搭配关系。比如“陪衬人”关系，即在销售同一品类时，采取性能相同但价格高的策略，使目标商品获得高销售额的方法。

（4）促销综合成本分析：在进行促销成本分析时，不能采取单品、单批次的分析，必须采取阶段性、综合品类分析，使促销收益得到整体全面评估。

（5）分析促销价格与促销结果的关系，找出“价格—销售量”的曲线及品类对于价格的弹性度，为今后制定促销价格提供依据。

（6）分析促销与货架的关系，找出最佳促销货架组合。

（7）分析促销手段与促销的关系，找出最适合某个品类的促销手段。

9.3 物流运作技术

物流运作技术具体包括以下 19 个方面：

（1）供应商管理库存 VMI；

（2）计算机辅助订货 CAO；

（3）连续补货程序 CRP；

（4）穿过式配送；

（5）CRP POS 系统；

（6）商店电子收货系统；

（7）仓库电子收货系统；

（8）定期盘点/实时盘点系统；

（9）POS 数据库；

（10）POS 扫描；

（11）订单管理系统 POM；

（12）无线射频技术 RFID；

（13）空间管理系统；

（14）供应商执行系统；
（15）运输路线与车辆计划系统；
（16）车辆载货优化；
（17）仓库管理系统；
（18）待上架商品准备服务；
（19）进店包装服务。

这里我们着重介绍供应商管理库存 VMI、无线射频技术 RFID、运输路线与车辆计划系统。

9.3.1　供应商管理库存 VMI

零售商通常是根据对历史销量及现实销售情况的预测，确定一个较客观的订货量，但为了保证这个订货量可以及时得到，并且能够适应客户需求增量的变化，零售商通常又会将预测订货量做一定的放大后再向批发商订货。出于同样的考虑，批发商也会在汇总零售商订货的基础上再做一定的放大后向销售中心订货。这样，哪怕供应链最下游的客户需求量并没有发生大的波动，但是经过零售商和批发商的订货放大后，订货量就一级一级地被放大了。这就是所谓的牛鞭效应（Bullwhip Effect）。要解决这个问题，就需要供应商管理库存，也即 VMI，如图 9.3 所示。VMI 是在客户和供应商之间形成的一种合作性策略，以使双方都能在最低的成本基础上优化产品的可得性。在互联网环境下，VMI 已经发展成为一个基于 Internet/Intranet 的信息系统，如图 9.4 所示。

图 9.3　VMI 的实施

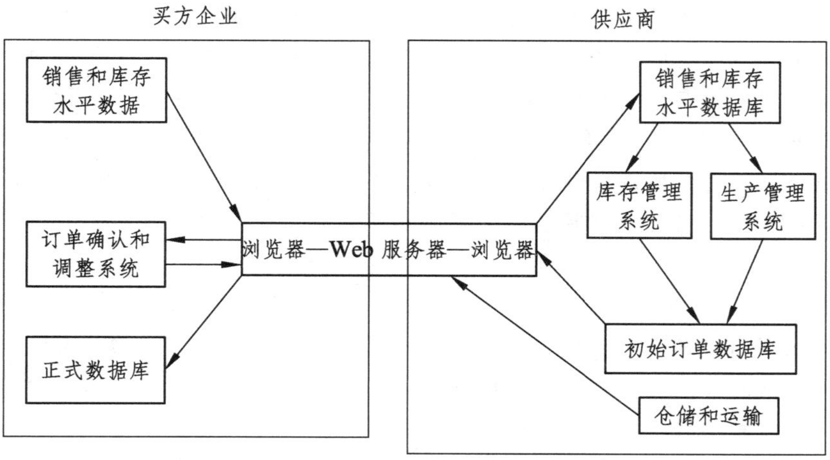

图 9.4　VMI 基于 Internet/Intranet 的信息系统结构

供应商管理库存在一个相互统一的目标框架下运作，这个目标框架被经常性地监督和修改，以产生一种持续改进的环境。供应商管理库存的基本思想是，以系统、集成的管理思想进行库存管理，使供应链系统能够获得同步化的运作。VMI 的工作流程如图 9.5 所示。

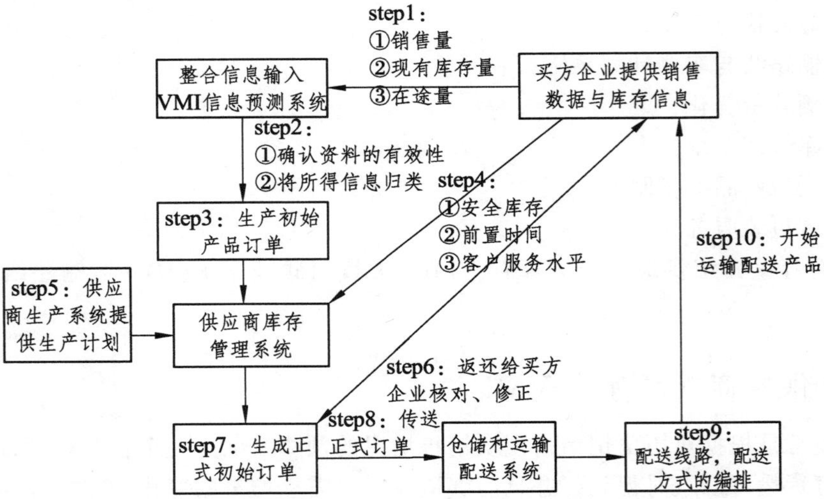

图 9.5　VMI 的工作流程

【案例分析】

联想 VMI（供应商管理库存）物流改革

1. VMI 联想重组供应链。

目前，联想集团年销量达 300 多万台，名列全世界电脑生产厂商第八位，其业务规模已完全达到了 VMI 模式的要求，并已经引起供应商的重视。在国内 IT 企业中，联想是第一个开始品尝 VMI“滋味”的。其在北京、上海、惠阳三地的 PC 生产厂的原材料供应均在项目之中，涉及的国外供应商的数目也相当大。联想集团最终选择了伯灵顿全球货运物流有限公司作为第三方物流企业。1994 年就进入中国的这家美国物流公司目前在上海、厦门为戴尔、惠普等知名 IT 企业提供第三方物流服务。

联想以往的运作模式是国际上供应链管理通常使用的看板式管理，即由香港联想对外订购货物，库存都放在香港联想仓库，当内地生产需要时再由香港公司销售给内地公司，再根据生产计划调拨到各工厂，这样可以最大限度地减少内地材料库存。但是此模式经过 11 个物流环节，涉及多达 18 个内外部单位，运作流程复杂，不可控因素增大。同时，由于订单都是从香港联想发给供应商，所以大部分供应商在香港交货，而联想的生产信息系统只在内地的公司使用，所以生产厂统计的到货准时率不能真实反映供应商的供货水平，这导致其不能及时调整对供应商的考核。

按照联想 VMI 项目要求，联想将在北京、上海、惠阳三地工厂附近设立供应商管理库存，根据生产要求定期向库存管理者即作为第三方物流的伯灵顿全球货运物流有限公司发送发货指令，由第三方物流公司完成对生产线的配送。从其收到通知，进行确认、分拣、海关申报及配送到生产线的时效要求为 2.5 小时。该项目将实现供应商、第三方物流、联想之间货物信息的共享与及时传递，保证生产所需物料的及时配送。实行 VMI 模式后，联想的供应链将大大缩短，成本降低，灵活性增强。

2. 助力联想海关身体力行。

VMI 项目涉及联想的国际采购物料，为满足即时生产的需要，供应商库存物料在进口通关上将面临很多新要求，如时效、频次等。因此，海关监管方式对 VMI 模式能否真正带来物流效率的提高至关重要。

为支持民族IT企业的发展，我们应探索海关对第三方物流的监管方式，从而适应企业物流发展要求，实施海关与企业的信息化联网监管，降低企业运营成本，提高海关监管的有效性。针对联想所提出的VMI物流改革方案，北京海关与联想集团多次探讨，具体参与并指导联想集团对供应商管理库存模式的管理。双方的沟通交流直接促进了VMI项目的启动。北京海关改革了传统的监管作业模式，在保税仓库管理、货物进出口、货物入出保税仓库、异地加工贸易成品转关等方面采取了相应的监管措施。

在物流方面，货物到港后，北京海关为其提供预约通关、担保验放等便捷通关措施，保证货物通关快速畅通。同时也与其他海关配合协调，实现供应商在境内加工成品的快速转关，避免所需货物"香港一日游"。北京海关与深圳海关加强协调，双方起草了VMI货物监管草案。

在信息系统方面，海关通关作业系统、保税仓库管理系统与联想、第三方物流企业间的电子商务平台建立连接。实现物流信息的共享，既方便作业又强化海关的监管。联想根据生产要求向第三方物流企业发出货物进口、出库、退运等各种指令后，由第三方物流公司向海关提出相应申请。海关接到审批查验后，由第三方物流企业完成货物出库及物流配送，及出口报关、装运。

3. VMI项目启动后，将为联想的生产与发展带来可观的效益。

一是联想内部业务流程将得到精简；二是其库存更接近生产地，增强供应弹性，更好地响应市场需求变动；三是改善库存回转，进而保持库存量的最优化，因库存量降低，减少了企业占压资金；四是可视化库存管理，能够在线上监察供应商的交货能力。

（案例来源：http://www.560731.com/。）

9.3.2　无线射频技术RFID

无线射频技术是一种集成电路。它通过射频信号与外界交换信息，能够存储信息，成为信息收集系统的信息载体；它可以存储物品名称，运输起止地点、中转地点及物品经过某一地的具体时间等信息。无线射频技术工作原理如图9.6所示。

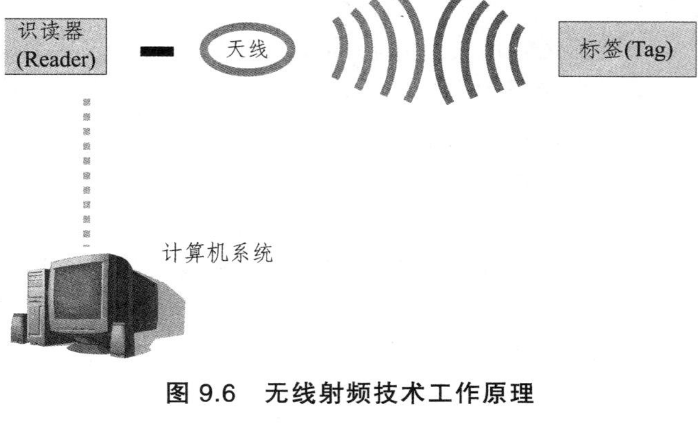

图9.6　无线射频技术工作原理

无线射频技术可以实现从商品设计，原材料采购，半成品与产成品的生产、运输、仓储、配送，一直到销售，甚至退货处理和售后服务等所有的供应链上的各环节的实时监控。

它能够随时准确地获得如各类生产商、生产时间、地点、颜色、尺寸、数量、到达地、接收者等产品相关信息，极大地提高了自动化程度。无线射频技术在供应链中的应用如图 9.7 所示。

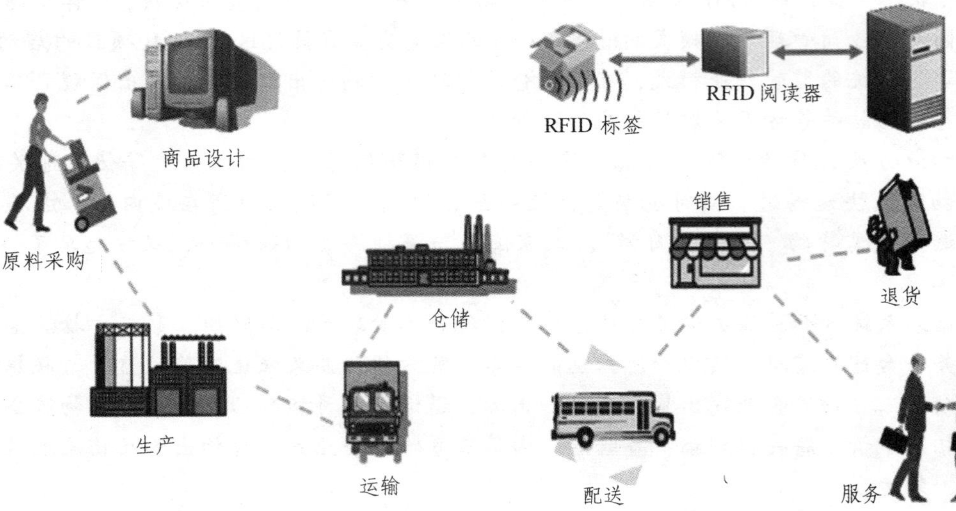

图 9.7　无线射频技术在供应链中的应用

9.3.3　运输路线与车辆计划系统

由于运输是物流中最重要的功能要素之一，物流合理化在很大程度上依赖于运输合理化。运输合理化的原则是，运作成本降低、货损率降低、无用功降低、运输时间缩短、线路安排科学等，也就是要减少不合理运输，即减少空驶、重复运输、无效运输、对流运输、倒流运输、迂回运输、过远运输。

运输合理化是一个系统分析过程，常采用定性与定量相结合的方法，对运输的各个环节和总体进行分析研究。研究的主要内容和方法主要有以下几方面：

（1）提高运输工具的实载率。提高实载率（如进行配载运输等），可以充分利用运输工具的额定能力，减少空驶和不满载行驶的时间，减少浪费，从而使运输合理化。

（2）减少劳力投入，增加运输能力。运输的投入主要是能耗和基础设施的建设，在运输设施固定的情况下，尽量减少能源动力投入，从而节约运费，降低单位货物的运输成本，达到合理化的目的。如：在铁路运输中，在机车能力允许的情况下，多加挂车皮；在内河运输中，将驳船编成队行，由机运船顶推前进；在公路运输中，实行汽车挂车运输，以增加运输能力等。

（3）发展社会化的运输体系。运输社会化的含义是发展运输的大生产优势，实行专业化分工，打破物流企业自成运输体系的状况。单个物流公司，车辆自有，自我服务，不能形成规模，且运量需求有限，难于自我调剂，因而经常容易出现空缺、运力选择不当、不能满载等浪费现象，且配套的接、发货设施，装卸搬运设施也很难有效地运行，所以浪费颇大。实行运输社会化，可以统一安排运输工具，避免出现迂回、倒流、空驶、运力选择不当等现象，不仅可以追求组织效益而且可以追求规模效益，所以发展社会化的运输体系是实现运输合理化的一个非常重要的措施。

（4）尽量发展直达运输。直达运输，就是在组织货物运输过程中，越过商业、物资仓库环节或交通中转环节，把货物从产地或起运地直接运到销地或用户，以减少中间环节。直达的优势尤其在一次运输批量和用户一次需求量达到了一整车时表现得最为突出。此外，在生产资料、生活资料运输中，通过直达建立稳定的产销关系和运输系统，有利于提高运输的计划水平。

近年来，直达运输的比重逐步增加，它为减少物流中间环节创造了条件。特别需要提到的是，如同其他合理化运输一样，直达运输的合理性也是在一定条件下才会有所表现。如果从用户需求来看，批量大到一定程度，直达是合理的；批量较小时，中转是合理的。

（5）配载运输。配载运输是充分利用运输工具载重量和容积，合理安排装载的货物及方法以达到合理化的一种运输方式。配载运输往往是轻重商品的合理配载，在以重质货物运输为主的情况下，同时搭载一些轻泡货物，如海运矿石、黄沙等重质货物，同时捎运木材、毛竹等，在运力基本不增加的情况下，在重质货物运输基本减少的情况下，解决了轻泡货的搭运，因而效果显著。

（6）提高技术装载量。依靠科技进步是运输合理化的重要途径，一方面可最大限度地利用运输工具的载重吨位，另一方面能充分使用车船装载容量。其主要做法有如下几种：专用散装及罐车，解决了粉状、液体物运输损耗大、安全性差等问题；袋鼠式车皮、大型拖挂车，解决了大型设备整体运输问题；集装箱船，它比一般的船能容纳更多的箱体，集装箱高速直达加快了运输速度等。运输路线优化，以原物料运输为例，如图 9.8 所示。

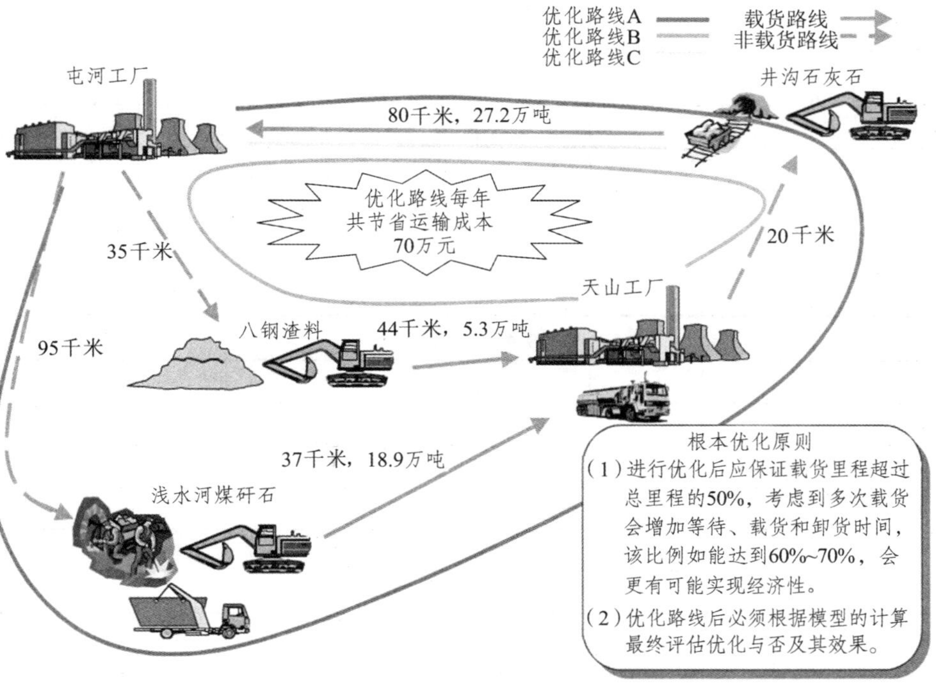

图 9.8　运输路线优化

9.4 第五年模拟经营操作

9.4.1 销售订单

销售订单如表 9.2 ~ 96 所示。

表 9.2 销售订单一

市场								
季度								
门店类型								
产品名称								
门店进货价								
零售价								
订单数量								
订单销售额								
订单成本								
订单毛利								

表 9.3 销售订单二

市场								
季度								
门店类型								
产品名称								
门店进货价								
零售价								
订单数量								
订单销售额								
订单成本								
订单毛利								

表 9.4 销售订单三

市场								
季度								
门店类型								
产品名称								
门店进货价								
零售价								
订单数量								
订单销售额								
订单成本								
订单毛利								

表 9.5 销售订单四

市场								
季度								
门店类型								
产品名称								
门店进货价								
零售价								
订单数量								
订单销售额								
订单成本								
订单毛利								

表 9.6 销售订单五

市场								
季度								
门店类型								
产品名称								
门店进货价								
零售价								
订单数量								
订单销售额								
订单成本								
订单毛利								

9.4.2 总部配送记录

总部配送记录如表 9.7 ~ 9.11 所示。

表 9.7 总部配送记录一

市 场								
季 度								
门店名称								
产品名称								
总部采购价								
门店进货价								
配送数量								
总部销售额								
总部成本								
总部毛利								

表 9.8　总部配送记录二

市　场								
季　度								
门店名称								
产品名称								
总部采购价								
门店进货价								
配送数量								
总部销售额								
总部成本								
总部毛利								

表 9.9　总部配送记录三

市　场								
季　度								
门店名称								
产品名称								
总部采购价								
门店进货价								
配送数量								
总部销售额								
总部成本								
总部毛利								

表 9.10　总部配送记录四

市　场								
季　度								
门店名称								
产品名称								
总部采购价								
门店进货价								
配送数量								
总部销售额								
总部成本								
总部毛利								

表 9.11　总部配送记录五

市　场								
季　度								
门店名称								
产品名称								
总部采购价								
门店进货价								
配送数量								
总部销售额								
总部成本								
总部毛利								

9.4.3　任务清单

任务清单如表 9.12 ~ 9.14 所示。

表 9.12　年初任务清单

总　部	（1）缴纳上一年度税金 （2）缴纳广告费 （3）登记销售订单	□ □ □
门　店	（4）缴纳上一年度税金	□

表 9.13　季度任务清单

		季度一	季度二	季度三	季度四
门　店	1. 更新短期贷款/还本付息/申请短期贷款	□	□	□	□
总　部	2. 更新短期贷款/还本付息/申请短期贷款 3. 更新应付账款/归还应付账款 4. 租用新仓库/支付仓库租金/新建仓库 5. （采购环节）运输入库/更新运输 6. 更新采购订单/采购订单交付货运 7. 支付采购货款/采购货款挂应付账款 8. 支付（采购环节）运输费用 9. 下采购订单 10. 决策投资新门店/变卖门店 11. 支付专卖店投资款 12. 支付大卖场上架费	□ □ □ □ □ □ □ □ □ □ □	□ □ □ □ □ □ □ □ □ □ □	□ □ □ □ □ □ □ □ □ □ □	□ □ □ □ □ □ □ □ □ □ □
门　店	13. 接受初始投资款或贷款	□	□	□	□
总　部	14. 仓库（配送环节）更新运输	□	□	□	□
门　店	15. 收取总部配送商品，付现或挂应付账款	□	□	□	□
总　部	16. 收取代理货款	□	□	□	□
门　店	17. 向总部申请配货	□	□	□	□
总　部	18. 仓库配送商品，挂应收账款（代理不挂） 19. 支付（配送环节）运输费	□ □	□ □	□ □	□ □
门　店	20. 按销售订单交货，收取货款 21. 支付总部应付账款，冲销应付账款	□ □	□ □	□ □	□ □
总　部	22. 收取门店销售货款，冲销应收账款	□	□	□	□
门　店	23. 支付租金	□	□	□	□
总　部	24. 支付行政管理费	□	□	□	□

表 9.14　年末任务清单

门店	1. 支付运营费用 2. 更新长期贷款/支付利息 3. 清盘	□ □ □
总部	4. 更新长期贷款/申请长期贷款/支付利息 5. 支付仓库维护费 6. 计提折旧 7. 开拓渠道（直销/分销） 8. 门店损失记入坏账 9. 调整与门店的结算比例 10. 关账	□ □ □ □ □ □ □

9.4.4　门店年报

门店年报如表 9.15 ~ 9.29 所示。

表 9.15　门店损益表一（单位：百万元）

年份：　　　　地区：　　　　店名：

项目	金额
营业收入	
减：成本	
减：运营费用	
减：租金	
减：财务费用	
加：营业外收益	
＝利润总额	
减：利润上缴（利润总额的 30%）	
＝利润留存	
减：所得税（利润留存的 25%）	
＝净利润	
历年利润累计	
门店初始投资额	

表 9.16　任务清单一 ——门店上缴利润

门　店	向总部上缴税前利润的 30%	□
总　部	接收门店上缴 30%利润	□

表 9.17　门店资产负债表一（单位：百万元）

资产	期初数	期末数	负债及所有者权益	期初数	期末数
现金			短期负债		
商品价值			应付账款		
固定资产			应交税金		
			长期负债		
			负债合计：		
			股东资本		
			以前年度利润		
			当年净利润		
			所有者权益合计：		
资产合计：			负债及所有者权益合计：		

表 9.18　门店损益表二（单位：百万元）

年份：　　　　地区：　　　　店名：

项目	金额
营业收入	
减：成本	
减：运营费用	
减：租金	
减：财务费用	
加：营业外收益	
=利润总额	
减：利润上缴（利润总额的 30%）	
=利润留存	
减：所得税（利润留存的 25%）	
=净利润	
历年利润累计	
门店初始投资额	

表 9.19　任务清单二——门店上缴利润

门　店	向总部上缴税前利润的 30%	□
总　部	接收门店上缴 30%利润	□

表 9.20　门店资产负债表二（单位：百万元）

资产	期初数	期末数	负债及所有者权益	期初数	期末数
现金			短期负债		
商品价值			应付账款		
固定资产			应交税金		
			长期负债		
			负债合计：		
			股东资本		
			以前年度利润		
			当年净利润		
			所有者权益合计：		
资产合计：			负债及所有者权益合计：		

表 9.21　门店损益表三（单位：百万元）

年份：　　　　地区：　　　　店名：

项目	金额
营业收入	
减：成本	
减：运营费用	
减：租金	
减：财务费用	
加：营业外收益	
=利润总额	
减：利润上缴（利润总额的 30%）	
=利润留存	
减：所得税（利润留存的 25%）	
=净利润	
历年利润累计	
门店初始投资额	

表 9.22　任务清单三——门店上缴利润

门　店	向总部上缴税前利润的 30%	□
总　部	接收门店上缴 30%利润	□

表 9.23　门店资产负债表三（单位：百万元）

资产	期初数	期末数	负债及所有者权益	期初数	期末数
现金			短期负债		
商品价值			应付账款		
固定资产			应交税金		
			长期负债		
			负债合计：		
			股东资本		
			以前年度利润		
			当年净利润		
			所有者权益合计：		
资产合计：			负债及所有者权益合计：		

表 9.24 门店损益表四（单位：百万元）

年份： 地区： 店名：

项目	金额
营业收入	
减：成本	
减：运营费用	
减：租金	
减：财务费用	
加：营业外收益	
＝利润总额	
减：利润上缴（利润总额的 30%）	
＝利润留存	
减：所得税（利润留存的 25%）	
＝净利润	
历年利润累计	
门店初始投资额	

表 9.25 任务清单四 ——门店上缴利润

门　店	向总部上缴税前利润的 30%	□
总　部	接收门店上缴 30%利润	□

表 9.26 门店资产负债表四（单位：百万元）

资产	期初数	期末数	负债及所有者权益	期初数	期末数
现金			短期负债		
商品价值			应付账款		
固定资产			应交税金		
			长期负债		
			负债合计：		
			股东资本		
			以前年度利润		
			当年净利润		
			所有者权益合计：		
资产合计：			负债及所有者权益合计：		

表 9.27 门店损益表五（单位：百万元）

年份：　　　　地区：　　　　店名：

项目	金额
营业收入	
减：成本	
减：运营费用	
减：租金	
减：财务费用	
加：营业外收益	
=利润总额	
减：利润上缴（利润总额的 30%）	
=利润留存	
减：所得税（利润留存的 25%）	
=净利润	
历年利润累计	
门店初始投资额	

表 9.28 任务清单五——门店上缴利润

门　店	向总部上缴税前利润的 30%	□
总　部	接收门店上缴 30%利润	□

表 9.29 门店资产负债表五（单位：百万元）

资产	期初数	期末数	负债及所有者权益	期初数	期末数
现金			短期负债		
商品价值			应付账款		
固定资产			应交税金		
			长期负债		
			负债合计：		
			股东资本		
			以前年度利润		
			当年净利润		
			所有者权益合计：		
资产合计：			负债及所有者权益合计：		

9.4.5　总部年报

总部年报如表 9.30 ~ 9.33 所示。

表 9.30　年末的营业费用（单位：百万元）

项　目	金　额
运输费	
广告费	
大卖场上架费	
代理商返点	
大卖场返点	
其　他	
营业费用合计	

表 9.31　年末的管理费用（单位：百万元）

项　目	金　额
行政管理费	
建筑租金	
渠道建设费	
折旧费	
维护费	
其　他	
管理费用合计	

表 9.32　总部损益表（单位：百万元）

项　目	上　年	今　年
主营业务收入		
减：主营业务成本		
主营业务利润		
减：营业费用		
减：管理费用		
减：财务费用（利息等）		
=营业利润		
加：营业外净收益		
加：长期投资收益（门店上缴利润总和）		
=利润总额		
减：所得税（利润总额的 25%）		
=净利润		

表 9.33　总部资产负债表（单位：百万元）

资　产	期初数	期末数	负债及所有者权益	期初数	期末数
流动资产			负债		
现金			短期负债		
应收账款			应付账款		
在途商品			应交税金		
库存商品			长期负债		
流动资产合计：			负债合计：		
长期投资			所有者权益		
长期投资合计：					
固定资产					
土地建筑净值			股东资本		
房屋净值			以前年度利润		
在建工程			当年净利润		
固定资产合计：			所有者权益合计：		
资产总计：			负债及所有者权益总计：		

复习思考题

1. 简答题。

（1）简述企业价值模型评估的内容。

（2）简述牛鞭效应。

（3）简述 RFID 的基本工作原理。

2. 操作题。

（1）试对公司的广告促销策略进行优化。

（2）制定公司物流路线的优化策略。

10　经营业绩评分规则

【学习目标】

知识目标：掌握沙盘的评分规则，做好企业经营的全局规划。

技能目标：充分了解沙盘在现代企业经营中的作用；深刻了解一个企业经营的核心竞争能力；能够初步衡量一个企业经营业绩的好坏。

企业经营模拟 ERP 沙盘实训是一种非常好的经营管理模拟学习工具，使同学们置身于特定的商业实战场景，切身体验商业竞争的激烈性。更重要的是，整个沙盘模拟的操作过程能够极大地激发同学们的学习热情，锻炼同学们的全局观念以及规划能力。沙盘实训的魅力在于沙盘竞赛过程的直观性、结果的及时性，所以，评分规则的科学合理性关系到沙盘经营评价的效果，真实地影响着参与者对企业经营的理解。

10.1　经营业绩评分原则

为了客观公正地评价一个企业的经营业绩，使参与者真实了解企业的经营过程，经营业务评分必须坚持全面性与发展性原则。既要全面考虑企业经营生存的现状，又要考虑企业未来的发展潜力；既要避免模拟公司为了经营结果将企业的发展看成一锤子买卖的做法，也要避免企业盲目扩张、资金断裂，陷入举步维艰的境地的冒险做法。

企业经营业绩指标应该包括总部经营业绩以及各门店经营业绩两个组成部分。其中，总部经营业绩既要考虑以往年度的经营结果，又要根据评价年度的经营情况预测未来的发展潜力。

10.2　经营业绩评定标准

模拟企业经营业绩评定标准具有很强的导向作用，必须以现实的企业经营为依据，设定相应的评价标准。当然，实际企业经营涉及的因素比较多，为了便于理解可以简化企业经营参考标准。

10.2.1　门店经营业绩

一个商业流通企业，涉及各种类型数量众多的门店，为了简化计算，考虑到门店与总部之间的关系，我们可以选取适当的指标作为门店的考核依据。

考评中主要选取各门店的历年经营情况来作为考核依据。在这里，我们选取各门店的历年利润累计作为具体考核依据。设第 i 个专门店评分为 x_i，第 j 个代理店评分为 y_j，第 l 个大卖场评分为 z_l。考虑到各种类型的门店产权性质不一样，我们赋予其不同的权重，可以依次假设专卖店的权重为 k_1、代理店权重为 k_2、大卖场权重为 k_3，其中 $k_1>k_2$，$k_1>k_3$。为了计算方便，我们通常对 k_1、k_2、k_3 依次取值为 1、0.5、0.5。即：

门店综合评分＝当年专卖店利润累计＋当年大卖场利润累计/2＋
当年代理商利润累计/2

门店的经营综合评分为：

$$S_1=\sum_{i=1}^{n}x_ik_1+\sum_{j=1}^{m}y_jk_2+\sum_{l=1}^{p}z_lk_3$$

式中，n、m、l 为各类型门店的个数。

例如，某模拟公司一次有一个专卖店、一个代理店、一个大卖场，历年利润累计分别为 50、100、200，那么门店综合评分为：

$$S_1 = 50\times1 + 100\times0.5 + 200\times0.5 = 200$$

网店收入直接计入总部收入，所以网店经营情况直接计入总部评分。

10.2.2 总部经营业绩

总部经营业绩评定需综合考虑企业历年经营情况以及未来发展潜力。

1. 经营分

总部以往年度的经营业绩是模拟公司经营的商业流通企业经营能力的重要体现，我们取以往年度净利润累计来作为衡量团队经营能力的重要指标之一。

经营分为：

$$S_2=\sum_{i=1}^{n-1}r_i$$

式中，r_i 为第 i 年的总部净利润；n 为考核年度；$n-1$ 为考核年度的前一年度。这里需说明，考核年度净利润已经计入代表未来发展的市值的评分中，故不重复计算。即：

经营分＝以前各年度净利润总和

例如，模拟企业经过五年经营，各年度的经营业绩依次为 7、13、25、20、35，那么经营分应该为 7 + 13 + 25 + 20 = 65。

2. 总部市场价值

市场价值主要以模拟企业经营的资产回报、考核年度的净利润和所有者权益来预测模拟企业的未来经营潜力，以此来代表企业的市场价值。

股东比较关注的投资回报情况如下：

总投资

市场：西部□ 北部□ 南部□ 网上直销□ 分销□ 合计：____M

店面：专卖店（　　）个，代理店（　　）个，大卖场（　　）个，E门店（　　）个

仓库：____M，土地：____M，仓库现在价值：____M

资产回报率（ROA）：资产回报率＝营业利润/总资产。

净利润：反映企业的盈利能力。

那么，

$$总部市值（S_3）＝当年的总部股东权益＋当年总部净利润\times N＋总投资\times ROA$$

10.2.3　整体经营业绩

模拟企业的整体经营业绩应该包括经营分和市值两个部分，总部经营分，即总部以及门店市值之和。经营分和市值的权重分别为 W_1、W_2。为了有效保证大家按照给定的市场规则进行经营，树立诚信经营的意识，对于违反沙盘游戏规则规定的，我们将给予一定的处罚扣分，记为 T。

模拟企业综合经营评分：

$$S_t = W_1\times S_2 + W_2\times（S_1 + S_3）+ T$$

经营分和市值的权重可以各取 50%，即：

$$综合经营评分（S_t）= 0.5\times S_1 + 0.5\times S_2 + 0.5\times S_3 + T$$

对于延期交单，报表不平，门店经营倒闭，恶意篡改规则等，都应做出 20 分左右的处罚。

常用公式为：

企业经营综合评分＝0.5×（总部以前年度净利润累计）＋
0.5×（考评年度所有者收益＋
考核年度总投资×考核年度资产回报率＋
考核年度净利润×经营年数＋各专卖店累计利润之和＋
0.5×各代理店累计利润之和＋0.5×各大卖场累计利润之和）＋经营奖罚

10.3　实训成绩评定标准

企业经营模拟实训课程，每组经营结束后可以马上得到一个经营成绩。这个经营成绩不能充分反映学员的真实情况，有些组虽破产，但在运营过程中，能够积极参与，积累了宝贵经验，为以后的学习、就业甚至创业都打下了坚实的基础，也使经营决策的过程刻骨铭心。所以，在实训成绩评定方面，我们给出一定的较合理的评价标准，仅供参考。

实训成绩＝40%×经营成绩＋30%×团队合作＋20%×实训报告＋
10%×课堂发言

复习思考题

1. 简述沙盘模拟经营的评分规则。
2. 试对公司历年的模拟经营进行内部评分。

第二部分

工业企业电子沙盘

11　工业电子沙盘简介

【学习目标】

知识目标：了解工业电子沙盘中的企业概况；了解工业电子沙盘的整体操作界面；掌握工业电子沙盘的基本流程。

技能目标：掌握工业电子沙盘各区域的功能；从整体上了解工业电子沙盘的操作流程。

11.1　工业电子沙盘企业概况

该企业是一个新兴的工业制造型企业，具有自主研发和产品创新的能力。预计经营年限 6 年，需要企业管理层利用初始资金和一定额度的银行贷款，根据市场调研情况进行 P 系列产品的生产与经营。

经营目的：开发国内外各个市场，进一步拓展市场领域；扩大生产规模，采用现代化生产手段，挣取更多的利润。

企业管理层的组织架构如图 11.1 所示，主要由总经理（CEO）、财务总监、生产总监、营销总监、采购总监等角色组成，各个角色的主要分工如下：

图 11.1　工业企业管理层结构

（1）CEO：主要负责制订全年计划，所有人可由 CEO 进行调动，所有重要决策均由 CEO 带领团队成员共同决定。

（2）财务总监：主要负责日常现金管理、现金预算；财务记账，提供财务报表；进行财务分析和风险管理；制定企业融资策略，控制成本费用。

（3）生产总监：主要负责编制、完成企业生产计划；厂房和生产线管理，维持生产低成本稳定运行，及时交货；产品库存管理；产品研发管理，扩充并改进生产线，不断降低生产成本。

（4）营销总监：主要负责市场调研分析；制定产品开发战略、广告投放策略；制订销售计划，获取与企业生产能力相匹配的客户订单；应收账款管理；竞争对手情报搜集。

（5）采购总监：主要负责编制原材料采购计划；原材料库存管理；与财务和生产部进行协调。

11.2　工业企业电子沙盘系统整体操作界面

图 11.2 是工业电子沙盘的整体操作界面，可以将其分成三个区域：生产区、企业运营状况查询、操作区。

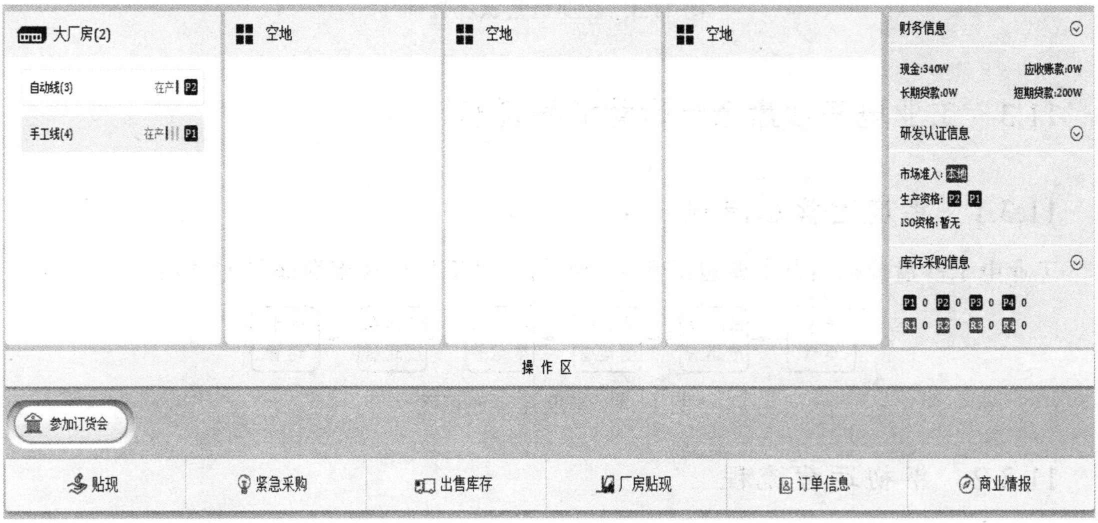

图 11.2　工业企业电子沙盘操作界面

1. 生产区

生产区在操作界面正中间，由四块空地组成。每一块空地可以建设厂房、安装生产线进行生产。生产区能够清晰地看到厂房的类型、生产线的状态。

2. 操作区

操作区在操作界面最下端，只显示当前可以操作的运行图标，由当前可操作图标和最下面六个流程外运营操作图标组成。六个流程外运营操作图标分别为：贴现、紧急采购、出售库存、厂房贴现、订单信息、商业情报。

3. 企业运营状况

企业运营状况查询在操作界面右边，可查询到本企业的财务信息、研发认证信息、库存采购信息等（见图 11.3）。

（1）财务信息：可查询到企业的现金、应收账款、股东资本、长短贷等财务情况。鼠标指向“应收账款”，系统能自动显示应收账款金额及账期，“长期贷款总额”“短期贷款总额”同理。

（2）研发认证信息：可查询到企业的市场开拓、产品研发、ISO 认证信息。

（3）库存采购信息：可查询到企业原材料、产成品的库存信息，以及原料的在途情况。

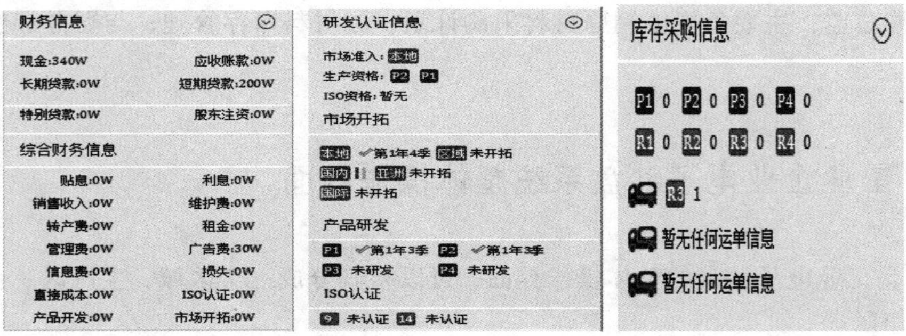

图 11.3　企业运营状况查询

11.3　工业电子沙盘全年运营流程说明

11.3.1　年度运营总流程

工业电子沙盘模拟运营主要包括 6 年的经营，每年的运营流程如图 11.4 所示。

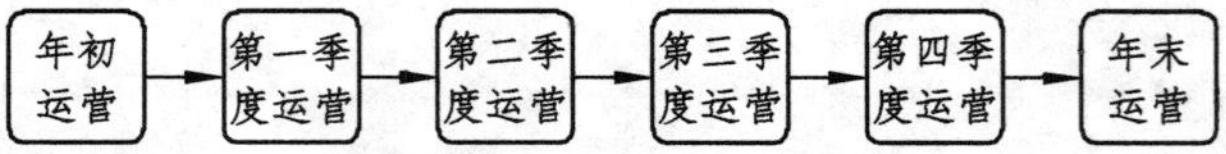

图 11.4　年度运营流程图

11.3.2　年初运营流程

企业年初运营主要包括召开年度规划会议制定本年度经营决策、投放广告、支付广告费、支付上一年度所得税、参加本年度订货会、制定长期贷款策略等流程，如图 11.5 所示。

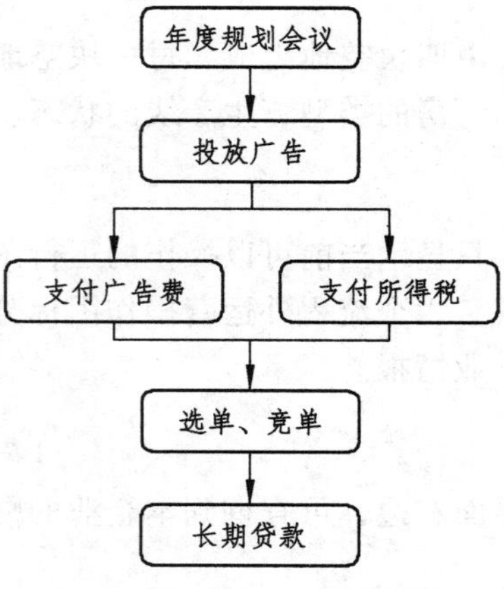

图 11.5　年初运营流程图

11.3.3　每季度运营流程

工业电子沙盘每季度的运营流程如图 11.6 所示。

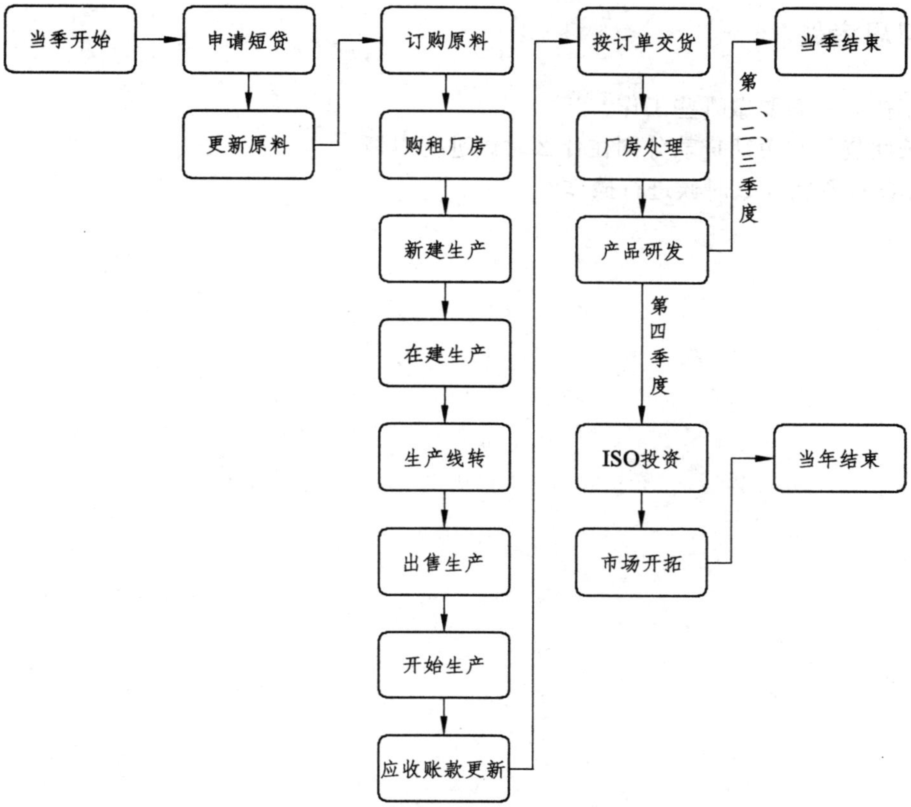

图 11.6　每季度运营流程图

11.3.4　年末操作流程

工业电子沙盘年末最重要的操作有两项：一是填写三张财务报表（综合费用表、利润表和资产负债表）；二是投放广告。在此操作过程中，需要确定下一年度的广告费用。广告投放结束之后，需要等候参加。操作按钮如图 11.7 所示。

图 11.7　年末操作

11.3.5　流程外运营操作

除上述介绍的运营操作之外，企业随时可进行贴现、紧急采购、出售库存、厂房贴现、查看订单信息以及刺探其他企业商业情报等操作。这些操作统一放在操作界面最底端，可以随时进行操作。但为了保证经营的公平性，系统禁止各组在竞单会过程中进行紧急采购和间谍操作。操作界面如图 11.8 所示。

图 11.8　流程外运营操作

复习思考题

1. 年初运营需要做哪些工作？
2. 长期贷款和短期贷款分别在什么时候进行申请？
3. ISO 投资在什么时候进行操作？

12　工业电子沙盘操作指导

【学习目标】

知识目标：掌握小组注册，角色分工；掌握工业电子沙盘基本操作；掌握电子沙盘经营基本规则；掌握工业电子沙盘的实验内容和步骤。

技能目标：充分掌握工业电子沙盘的操作技能，灵活运用工业电子沙盘经营规则，制定合理的企业经营战略。

12.1　小组注册

学生登录系统，用老师告知的用户号和登录密码进行登录。学生登录后填写学校名称、虚拟公司名称、公司宣言和各个角色的姓名，同时进行密码的重设。填写完毕后，提交信息，开始公司的运营（见图 12.1）。

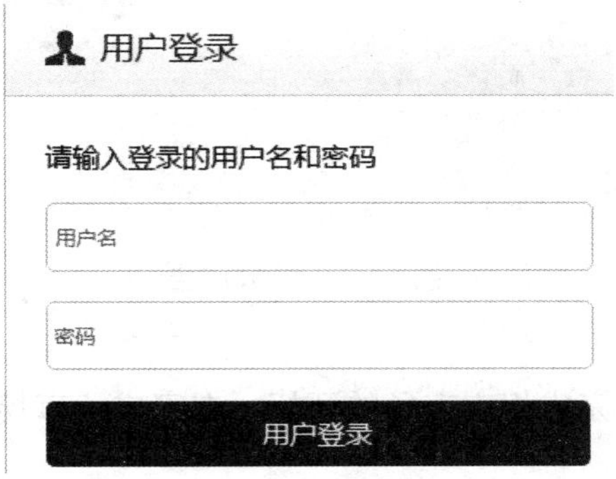

图 12.1　用户登录界面

12.2　年初运营操作

12.2.1　召开年度规划会议

在每个运营年度之初，企业需要召开一个年度规划会议（软件中没有该项操作）。年度规划会议通常由 CEO 主持，参会人员包括财务、生产、营销和采购方面的负责人。会议的主要内容是分析和预测本年度的市场情况、确定广告投放费用，以及在订单选取、产能安排、生产线管理、原材料采购、产品研发、市场开拓、财务预算和资金管理等方面做出规划和决策。并且要求在召开完会议之后，制订出企业该年度每个季度的经营计划。

为了对操作进行说明，以商战标准规则为例，企业制订了第一年经营计划：

第一季度：研发 P2，租 1 个大厂房，建 1 条自动线生产 P2；

第二季度：短贷 200 W，研发 P1 产品；

第三季度：采购 R1、R2、R3 各 1 个；

第四季度：建 1 条生产 P1 的手工线；P1、P2 投入生产；

年末：开发本地、国内两个市场。

12.2.2 支付广告费、支付所得税

点击“当年结束”的确认键，系统会自动切换到下一年年初的主操作界面，点击下方的“投放广告”，即可马上投放当年的广告费用（见图 12.2）。确认投放广告后，系统会自动扣除广告费和上一年应交的所得税及到期长期贷款本息。

商战标准规则，第一年无订单，所以第一年年初没有投放广告这项操作。

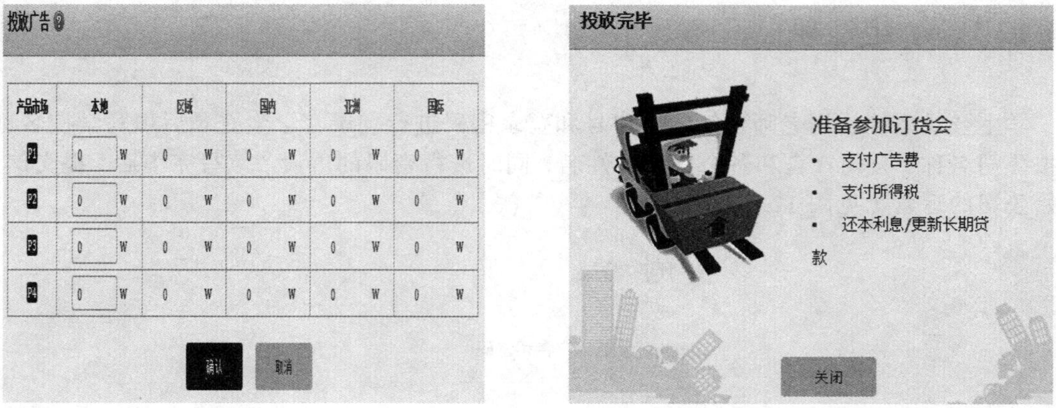

图 12.2　投放广告

投放广告规则：

（1）投放广告的前提：完成相应市场的开拓。在完成了市场开拓的下一年年初才可以在该市场投放广告。

（2）投放广告的时间：每年年初。

（3）最小得单广告额：商战标准规则里的最小得单广告额为 10W（裁判后台设置），投放广告额少于 10W，则无选单机会。理论上，在一个回合中每投放 10W 广告费将获得一次选单机会，此后每增加 10W 将多一次选单机会，但是能否轮到第 2 次选单取决于市场需求及企业间竞争情况。但是，并不要求广告费一定是 10W 的倍数，如 15W 或 16W，且投 16W 比投 15W 或 10W 优先选单。

（4）广告费支付规则：无论选单是否成功，系统都将扣除广告费，对计算市场广告额有效。

12.2.3 选单、竞单

1. 选单

广告费投放完毕，等待其他竞争对手投放完广告，即可参加订货会进行选单（见图 12.3）。需要教师端点击主页下方操作区中“参加订货会”这一选项，学生端方可进入订货会就绪界面。

商战标准规则，第一年无订单。

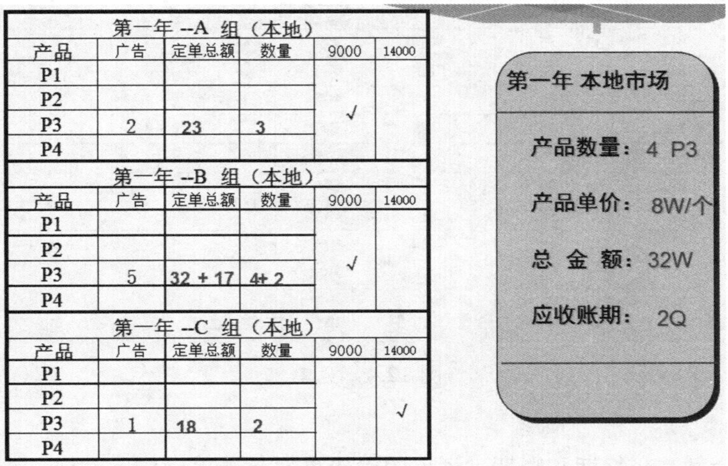

第一年--A 组（本地）

产品	广告	定单总额	数量	9000	14000
P1					
P2					
P3	2	23	3	√	
P4					

第一年--B 组（本地）

产品	广告	定单总额	数量	9000	14000
P1					
P2					
P3	5	32＋17	4+2	√	
P4					

第一年--C 组（本地）

产品	广告	定单总额	数量	9000	14000
P1					
P2					
P3	1	18	2		√
P4					

图 12.3 参加订货会（选单）

选单规则：

（1）系统提示：选单过程中，系统会提示正在选单的用户、市场以及产品。选单时，两个市场同时开单，各市场分别按 P1、P2、P3、P4、P5 的顺序独立放单，即：任何时候会有两个市场同时开单，除非到最后只剩下一个市场选单。各企业需要通过点击切换市场按钮同时关注两个市场的选单进展，若其中一个市场先结束，则第三个市场立即开单。切换到相应的选单区域，系统就会以红色底纹标记出正在选单用户的选单产品和剩余选单时间。

（2）选单操作提示：切换到相应的选单市场，对话框左边显示该市场的选单用户顺序，右边是该市场的订单列表，显示每张订单的详细信息。未轮到当前用户选单时，无法点击右边订单列表这一列。当轮到当前用户选单时，用鼠标点击右侧操作一列的“选中”按钮，即可完成选单。当剩余选单时间为 0 秒时，选单结束。

（3）系统选单顺序：选单时首先以本市场本产品广告额投放大小顺序依次选单；如果两队本市场本产品广告额相同，则看本市场广告投放总额；如果本市场广告总额也相同，则看上年本市场销售排名；如仍无法决定，先投广告者先选单。

（4）选单注意事项：选单需要市场开拓，但不需要 ISO 认证。因此，选单时一定要看清楚 ISO 认证资格，没有相应的认证，可以抢到订单，但是产品不符合规则，无法交付，会违约。

2. 竞单

在第三年和第五年，订货会选单结束后还有竞单会（见图 12.4）。竞单会是各个公司一起竞争同一张订单，竞得的订单与订货会选中的订单一样，计算市场销售额。裁判可以在后台通过查看订单详情获取竞单信息。

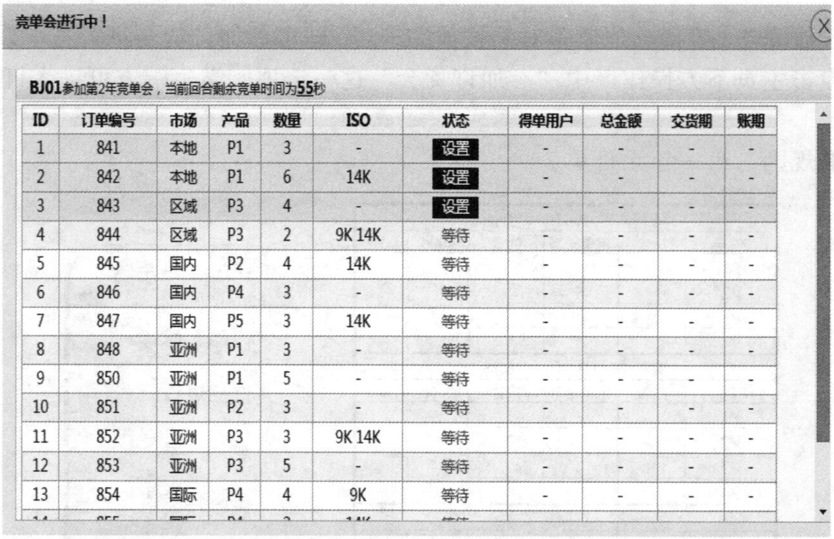
竞单会进行中！

BJ01参加第2年竞单会，当前回合剩余竞单时间为55秒

ID	订单编号	市场	产品	数量	ISO	状态	得单用户	总金额	交货期	账期
1	841	本地	P1	3	-	设置	-	-	-	-
2	842	本地	P1	6	14K	设置	-	-	-	-
3	843	区域	P3	4	-	设置	-	-	-	-
4	844	区域	P3	2	9K 14K	等待	-	-	-	-
5	845	国内	P2	4	14K	等待	-	-	-	-
6	846	国内	P4	3	-	等待	-	-	-	-
7	847	国内	P5	3	14K	等待	-	-	-	-
8	848	亚洲	P1	3	-	等待	-	-	-	-
9	850	亚洲	P1	5	-	等待	-	-	-	-
10	851	亚洲	P2	3	-	等待	-	-	-	-
11	852	亚洲	P3	3	9K 14K	等待	-	-	-	-
12	853	亚洲	P3	5	-	等待	-	-	-	-
13	854	国际	P4	4	9K	等待	-	-	-	-

图 12.4　竞单

竞单规则：

（1）填写总金额、交货期和账期：竞单的操作界面与选单操作不一样，选单之前已经标明了选单顺序。而竞单操作是系统显示所有的订单信息，根据订单列表的顺序，依次从上到下进行选单，每个回合的竞单时间为 90 秒，系统一次发放 3 张订单同时竞标（以红色底纹标明）。每张订单标明了订单编号、市场、产品、数量和 ISO 认证等信息，公司可以根据订单信息决定竞标的订单。选定竞单之后，用户需要点击对应订单状态栏的“设置”操作，填写总金额、交货期和账期。竞争时必须注意提交时间，在倒计时小于 10 秒内提交的竞单可能无效。

（2）总金额范围：总金额不能低于（可以等于）产品成本价，也不能高于（可以等于）产品成本价的三倍。

（3）竞单资质：每个订单都标明了市场、ISO 认证资质和产品。竞单时，对投单公司的市场开拓和 ISO 认证有严格要求，没有相应资格则无法参与投标。但是，对产品生产资格没有任何要求。

（4）保证金：参加竞单的企业必须有一定现金库存作为保证金，如果库存现金不足以支付竞单费，则不能参加竞单。

（5）中标规则：系统根据各公司填写的总金额、交货期和账期三项内容计算得分，公式如下：

$$得分=100+(5-交货期)\times 2+账期-\frac{8\times 总金额}{产品直接成本\times 数量}$$

得分最高者中标，如果得分相同，则先提交者中标。从上述公式可以看出，总金额低、交货期短、账期长，则得分越高。

（6）竞单费用：竞单结束后，系统会一次性扣除中标的公司为该订单支付的标书费（商战规定，每竞得一单需要支付 10W 的标书费），计入广告费。

标书费＝最小得单广告额

12.2.4　长期贷款

每年年初可以申请长期贷款，通常长期贷款的利息比较高，所以购买厂房和投资生产线等大额消费时才建议使用长期贷款。点击操作面板下方区域的“申请长贷”（见图 12.5），即可弹出“申请长贷”对话框（见图 12.6）。从图 12.6 可以看到，申请长贷的对话框会显示出该公司当前的最大贷款额度。此项操作需要公司自己设置需贷款年限和需贷款额。设置完成之后，点击“确认”，长贷成功。

根据年初召开的年度规划会议，本年度无长贷，本环节无操作。

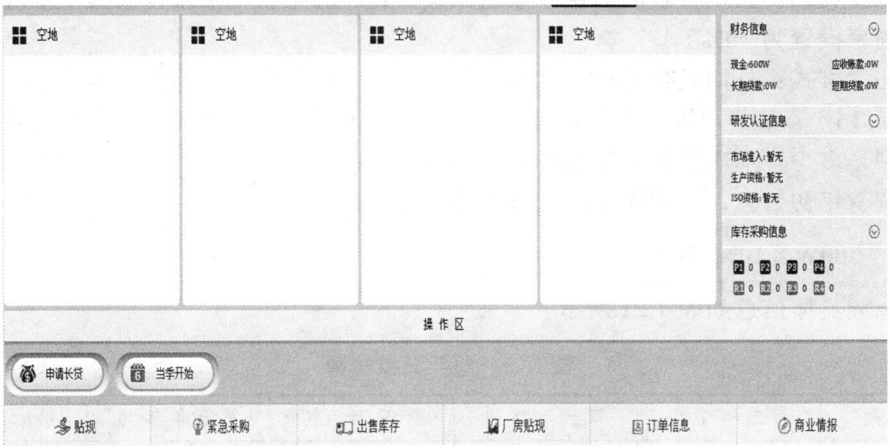

图 12.5　操作区域主页

图 12.6　申请长贷

贷款规则说明：

（1）贷款时间：每年年初。

（2）最大贷款额度：所有长期贷款和短期贷款的总额，包括已借但未到还款期的贷款。最大贷款额度为上年所有者权益的 N 倍（N 由裁判设置，一般等于 3）。

【例 12.1】 若将 N 设定为 3，即最大贷款额度为上年权益的 3 倍。假如公司初始年度设置的所有者权益为 600W，则第一年的最大贷款额度为多少？

第一年的最大贷款额度=所有者权益×3=600W×3=1800W

【例 12.2】 某公司第一年年末的所有者权益为 358W。假如该公司第一年已借 5 年期限的长期贷款 506W（未申请短期贷款），则第二年的最大贷款额度是多少？

最大贷款额度=上年所有者权益×3－已借贷款=358W×3－506W=568W

（3）需贷款年限：由裁判在参数设置中进行设定（一般规则为 5 年）。

（4）需贷款额度：某公司本年度需要贷款的金额。需贷款金额由公司的管理层在年度规划会议中根据企业运营规划而定，但不得超过最大贷款额度。

（5）贷款利息：长期贷款的利息按年息计算，具体的年利率由裁判设置（本规则将长期贷款的年利率设置为 10%）。

（6）还款方式：长期贷款的还款方式为每年年初支付利息，到期归还本金。

【例 12.3】 若某公司第一年年初借了长期贷款 500W，期限为 5 年，则该企业每年的还款总额分别是多少？本次长期贷款总还款金额是多少？

长期贷款年初付息，到期还本，则每年的利息为：

500W×10%=50W

还款金额具体信息如表 12.1 所示。

表 12.1　每年还款金额

还款时间	第二年年初	第三年年初	第四年年初	第五年年初	第六年年初
利息	50W	50W	50W	50W	50W
本金	0	0	0	0	500W
还款总额	50W	50W	50W	50W	550W

还款总金额=利息+本金=50W×5+500W=750W

综上所述，长期贷款的规则如表 12.2 所示。

表 12.2　长期贷款规则

贷款时间	最大贷款额度	贷款年限	年息	还款方式	备注
每年年初	上年所有者权益的 3 倍	≤5 年	10%	年初付息，到期还本	不小于 10W

12.3　每季度运营操作

12.3.1　当季开始

点击图 12.5 操作区显示的“当季开始”按钮，系统会自动弹出“当季开始”这一对话框

（见图 12.7）。点击确认之后，系统会自动扣除长期贷款的利息和到期长期贷款的本金，偿还上年度短期贷款的本金和利息，检查并更新产品的生产状态（若产品已经完成生产，则系统会将完工的产品自动转入库存），以及检测并更新各条生产线的状态。

图 12.7　当季开始

点击“当季开始”对话框的“确认”按钮，系统会自动切换到当季度的主操作界面，如图 12.8 所示。

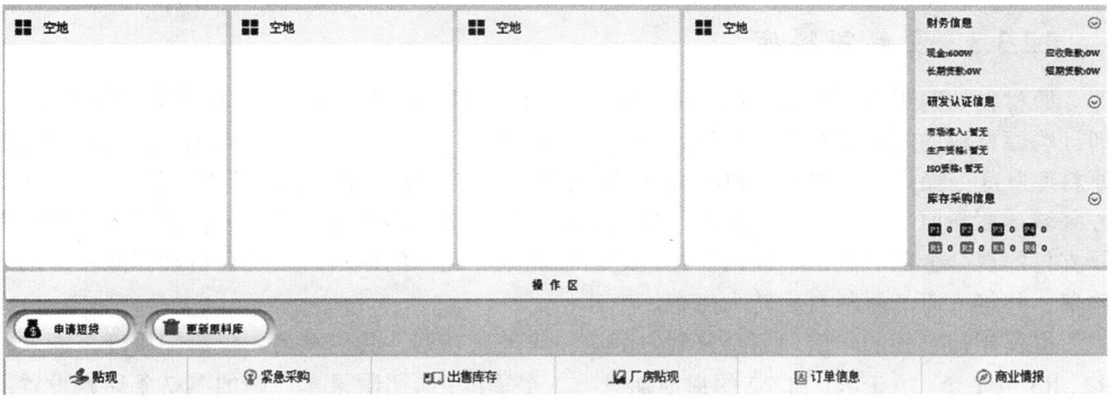

图 12.8　每季度之初的主操作界面

12.3.2　申请短贷

系统每季度之初都可以进行短期贷款，建议用于购买原材料和产品研发等小额支付。点击图 12.8 主操作界面下方的“申请短贷”按钮即可进入短贷操作，这里的最大贷款额度与长期贷款的一致，只需要在“需贷款额”的输入框中输入贷款金额，点击“确认”按钮即可完成短贷申请。

根据年初召开的年度规划会议制订的第一年经营计划，第一年第一季度规划不需要短贷，如此操作。在第一年第二季度需要贷款 200W，操作如图 12.9 所示。

短贷规则说明：

（1）贷款时间：每季度初。

（2）短贷年限：短期贷款的期限为 1 年。

（3）还款方式：到期一次性偿还利息和本金。

图 12.9　申请短贷

（4）需贷款额：短期贷款的需贷不得超过最大贷款额度。

（5）短贷利息：短期贷款的年利率由裁判在参数设置中设定。特别说明，计算短期贷款利息时，系统进行四舍五入取整操作。

【例 12.4】假定短期贷款年利率为 5%，若某公司在第一年第一季度贷入短期贷款 210W，计算还款利息和还款金额。

利息=210W×5%=10.5W≈11W（四舍五入）

还款金额=本金+利息=210W+11W=221W

12.3.3　更新原料库

原材料的购买有一个提前期，到期原材料才能入库，原材料的购买采用货到付款的方式，即订购原材料的时候系统不会扣钱，而是等到原材料入库再扣钱。也就是说，在点击“更新原料库”这一操作时，如果有到库的原料，系统就会自动扣除相应的采购费。点击图 12.8 下方区域“更新原料库”按钮会弹出“更新原料”这一对话框（见图 12.10），提示入库原料需要支付的现金金额。点击“确认”按钮之后，如果有到库的原料，系统会自动扣除相应的采购费，并将入库的原料自动转入库存。

根据年初召开的年度规划会议制定的第一年经营计划，我们在第一年第三季度采购 R1、R2、R3 各 1 个。由于 R1 和 R2 的提前期只有 1 个季度（参照附录 1 规则的第 7 条原料设置），因此，到了第一年的第四季度，R1 和 R2 这两个原材料到库，需要支付现金 20W（2 个原材料到库，每个原料的购买单价是 10W），操作界面如图 12.10 所示。

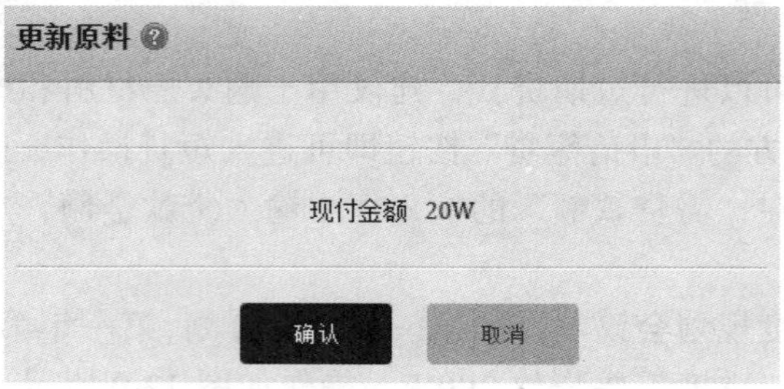

图 12.10　更新原料

【例 12.5】假定原材料的采购规则如表 12.3 所示。某公司第一季度订购了 R1、R2、R3、R4 各 1 个，第二季度又订购了 R1、R2、R3、R4 各 2 个。请说明这些原材料的到库时间？更新原料库时，系统自动扣除的采购费分别是多少？

表 12.3　原料采购规则

名称	购买单价	提前期	付款方式
R1	10W	1 季	货到付款
R2	10W	1 季	
R3	10W	2 季	
R4	10W	2 季	

具体分析过程详见表 12.4。

表 12.4　原料采购入库时间进度表

时间（季度）	原料名称								
	R1		R2		R3		R4		付款金额
操作	采购	入库	采购	入库	采购	入库	采购	入库	
第一季度	1		1		1		1		0W
第二季度	2	1	2	1	2		2		20W
第三季度		2		2		1		1	60W
第四季度						2		2	40W

12.3.4　订购原料

原材料一般分为 R1、R2、R 和 R4 四种。若需要订购，则点击图 12.11 操作界面下方主操作区的“订购原料”按钮，即可弹出如图 12.12 所示的“订购原料”对话框。该对话框详细显示了订购原料的名称、价格和提前期，用户只需要在数量一栏输入相应的采购数量，点击“确认”即可完成原料订购。

根据年初召开的年度规划会议制订的第一年经营计划，第一年的第一、二季度无须进行原料订购。第一年第三季度需要采购 R1、R2、R3 各一个，操作如图 12.12 所示。

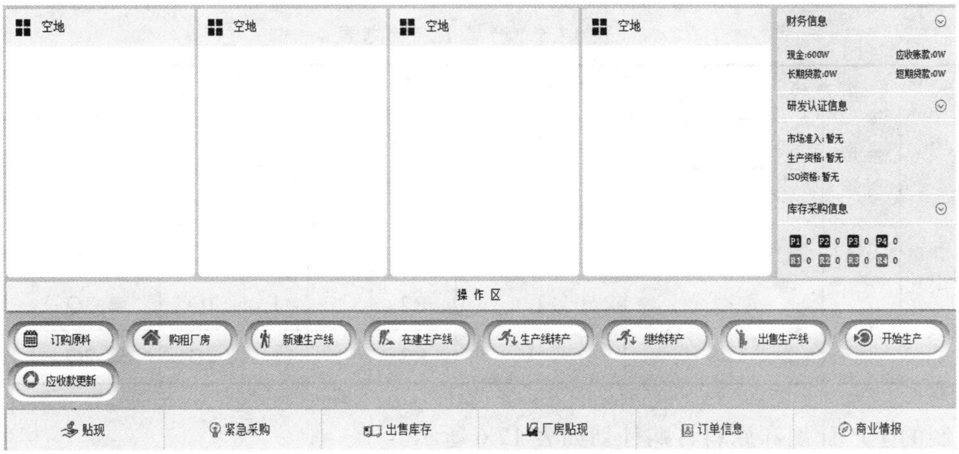

图 12.11　主操作区

图 12.12 订购原料

订购原料规则：

（1）原料类型：R1、R2、R3、R4。

（2）采购单价：购买单价均为 10W。

（3）订购周期：所谓的订购周期就是原料的配送期，即从原料订购到原料入库的时间。R1 和 R2 的订购周期为 1 季，如果在第一季度订购，第二季度到货入库；R3 和 R4 的订购周期为 2 季，如果在第一季度订购，第三季度入库。

（4）交付方式：货到付款。原料在订购的时候不需要给钱，到货后支付货款并入库。

（5）原料订购计划：原料订购计划和生产计划密不可分。原料订购多了会导致现金占用，也有可能导致原料浪费。订购少了则无法满足生产需求，为了完成生产需要进行紧急采购，进而造成资金浪费；甚至可能造成生产线停产，进而不能按时交付订单，导致违约。因此，原料订购数量应由后期生产需求而定，建议同时编制原材料订购计划和生产计划。

【例 12.6】 若某公司在第一年第四季度开始生产 1 个 P1 和 1 个 P2，则该公司应该制订怎样的原料采购计划？

因为 P1 的原料为 R1，P2 的原料清单为 R2+R3；考虑到 R1 和 R2 订购需提前 1 季，R3 订购需要提前 2 季，分析过程如表 12.5 所示。

表 12.5 产品生产计划表

<table>
<tr><th colspan="4">生产线</th><th colspan="2">产品</th><th colspan="6">原料</th></tr>
<tr><th>名称</th><th>生产周期</th><th colspan="2">开始生产时间</th><th>名称</th><th>数量</th><th colspan="2">产品组成</th><th>数量</th><th>提前期</th><th colspan="2">订购时间</th></tr>
<tr><td>手工线</td><td>3Q</td><td>第 4Q</td><td>第 7Q</td><td>P1</td><td>1</td><td>R1</td><td>1</td><td>1</td><td>1Q</td><td>第 3Q</td><td>第 6Q</td></tr>
<tr><td rowspan="2">自动线</td><td rowspan="2">1Q</td><td rowspan="2">第 4Q</td><td rowspan="2">第 5Q</td><td rowspan="2">P2</td><td rowspan="2">1</td><td>R2</td><td>1</td><td>1</td><td>1Q</td><td>第 3Q</td><td>第 4Q</td></tr>
<tr><td>R3</td><td>1</td><td>1</td><td>2Q</td><td>第 2Q</td><td>第 3Q</td></tr>
</table>

编制的生产计划和原料订购计划如表 12.6 所示。

表 12.6　生产计划和原料订购计划表

状态		第一年（季度）				第二年（季度）		
		1	2	3	4	1	2	3
手工线（P1）	开始新生产				生产 P1			生产 P1
	原料订购			R1			R1	
自动线（P2）	开始新生产				生产 P2	生产 P2	生产 P2	生产 P2
	原料订购		R3	R2+R3	R2+R3	R2+R3	R2	
	合计	0	R3	R1+R2+R3	R2+R3	R2+R3	R1+R2	

12.3.5　购租厂房

点击图 12.11 主操作区的“购租厂房”按钮，即可弹出如图 12.13 所示的“购租厂房”对话框。通过下拉列表框选择厂房的类型（大厂房或小厂房、购买价格或租用价格和出售价格等信息），以及可以选择订购方式是买或租，最后点击“确认”按钮即可完成厂房的购买或租用操作。这里需要强调一点，在具体操作过程中，单击“确认”按钮之后该对话框不会自动关闭，需要手动点击“取消”才会关闭。因此，操作过程中切记多次点击“确认”按钮，以免造成操作失误。

根据年初召开的年度规划会议制订的第一年经营计划，第一年第一季度需要租用一个大厂房（见图 12.13）。

图 12.13　购租厂房

购租厂房规则：

（1）购租时间：每季度。租用或购买厂房可以在任何季度进行。

（2）最大厂房数量：大厂房和小厂房加在一起的最大数量，由裁判在系统设置中进行设置。例如，最大厂房数量为 4，则企业可以租四个大厂房，或买四个小厂房，或租一个大厂房买三个中厂房等任意组合。

（3）生产线容量：一个大厂房最多容纳 4 条生产线，一个小厂房最多只能容纳 3 条生产线。

（4）厂房购买：一次性付清购买房款，无后续费用。购买的厂房属于固定资产，不提折旧费。

（5）厂房租用：厂房租金每年交付一次。租金在开始租用季度的“当季结束”时扣除，以及在以后每年相应季度的“当季结束”时交付。例如，企业在第一年第一季度选择租入 1 个大厂房，则需在第一年第一季度末支付第一年租金，以后每年的租金由系统自动在第一季度季“当季结束”时扣除。

（6）租转买：厂房租入后，一年后可进行租转买。例如，企业在第一年第一季度租厂房，则以后每一年的第一季度末“厂房处理”均可“租转买”。如果到期没有选择“租转买”，系统自动做续租处理，租金在“当季结束”时扣除。

（7）退租：厂房租入一年后，如果厂房中没有生产线，才可以选择厂房退租。

（8）厂房管理费：购买或租用的厂房，每季度末需要缴纳管理费。如果管理费与厂房数量无关，则每季末只需要收取基本管理费（由裁判在系统参数中进行设置）。

12.3.6 新建生产线

点击图 12.11 操作界面下方的“新建生产线”按钮，即可弹出“新建生产线”对话框，如图 12.14 所示。通过下拉列表框选择所属厂房，点击生产线类型后的下列列表框选择要新建的生产线类型（列表信息中包括生产线的名称和投资总额）。在新建生产线时，必须选择计划生产的产品名称，最后点击“确认”按钮即可完成新建生产线操作。

提醒：在具体操作过程中，单击“确认”按钮之后该对话框不会自动关闭，需要手动点击“取消”才会退出该界面。操作过程中切记多次点击“确认”按钮，以免造成操作失误。因此，新建多条生产线时，无须退出该界面，直接重复上述操作。

根据年初召开的年度规划会议制订的第一年经营计划，第一年第一季度需要新建一条生产 P2 的自动线，操作如图 12.14 所示。

图 12.14　新建生产线（a）

新建生产线一经确认新建，即刻进入第一期在建，如图 12.15 所示，同时系统自动扣除对应生产线的当季投资额。

图 12.15　新建生产线（b）

根据年初召开的年度规划会议制订第一年经营计划，第一年第四季度还需新建一条生产 P1 的手工线，操作如图 12.16 所示。

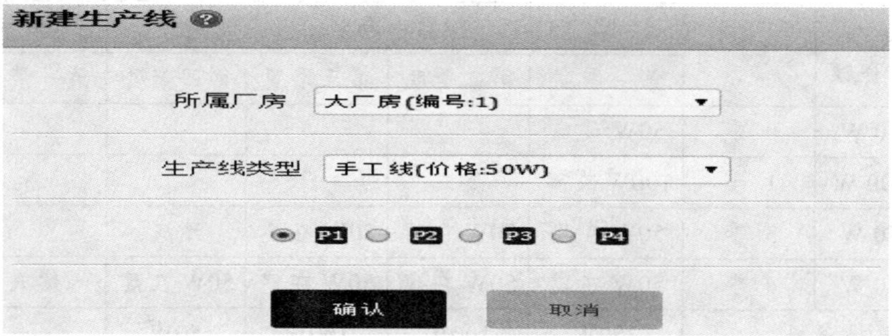

图 12.16　新建生产线（c）

生产线建成之后，在主操作区会显示出生产线的状态（见图 12.17），建好的生产线就可以投入生产。

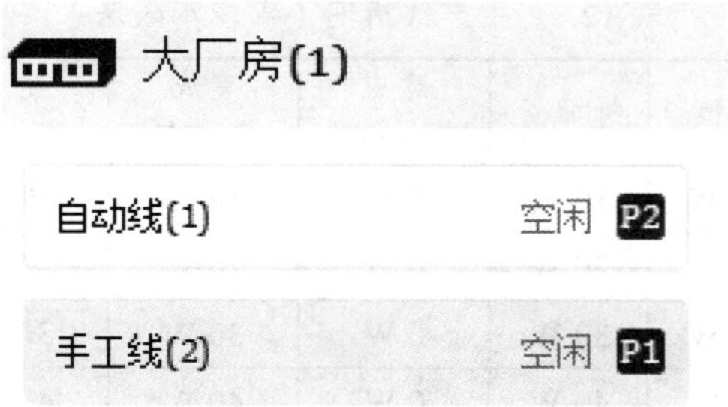

图 12.17　建成的生产线

新建生产线规则：

（1）所属厂房：要新建或租赁生产线，必须选择已经购买或租用的厂房，没有租用或购买厂房不能新建或租赁生产线。建好的生产线不允许在不同厂房之间移动。

（2）生产线类型：生产线分为手工线、半自动线、自动线和柔性线等，各种生产线的投资总额、每季投资额、安装周期、生产周期、每季转产费、转产周期、维护费、残值、折旧费和折旧时间等详见附录 1 标准商战 ERP 沙盘模拟经营规则的“1. 生产线”。

（3）产品类型：同一条生产线只能用于生产同一种产品，即生产 P1 的生产线只能用于生产 P1 产品。例如，用于生产电脑的生产线不能用于生产汽车。新建生产线时需要确定生产产品的类型，生产产品一经确定，本生产线所生产的产品便不能更换，如需更换，须在建成后，进行生产线转产操作。

（4）生产线建造过程：每次操作可建一条生产线，同一季度可重复操作多次，直至生产线位置全部铺满。安装周期为 0 季度的生产线表示即买即用，即在购入（或租入）当季即可使用；有安装周期的生产线在最后一季度投资完毕后，在下一季度才算建成，才能投入生产。

【例 12.7】 商战标准规则中生产线的规定如附录 1 所示。假如某公司在第一年第一季度新建手工线、半自动、自动线和柔性线各 1 条，则每季度生产线的建造状态和投资总额是多少？

投资总额=每季投资额 × 安装周期，若安装周期为 0，则按照 1 进行计算。

每季度生产线的建造状态和投资总额如表 12.7 所示。

表 12.7　生产线建造过程

生产线类型	每季投资额	安装周期	第一年				第二年	投资总额
			第一季度	第二季度	第三季度	第四季度	第一季度	
手工线	50 W	0 季	50W 建成					50W
半自动线	100 W	1 季	100W 在建	建成				100W
自动线	50 W	3 季	50W 在建	50W 在建	50W 在建	建成		150W
柔性线	50 W	4 季	50W 在建	50W 在建	50W 在建	50W 在建	建成	200W
当季总投资额			250W	100W	100W	50W	——	——

（5）生产线折旧费：生产线折旧采用平均年限法，建成当年不提折旧（每条生产线的折旧费如表 12.8 所示）。一旦生产线折旧到净值等于残值时，不再计提折旧，但仍可继续使用。

表 12.8　生产线折旧（平均年限法）

生产线类型	投资总额	残值	折旧费	建成第一年	建成第二年	建成第三年	建成第四年	建成第五年
手工线	50 W	10 W	10 W	0 W	10 W	10 W	10 W	10 W
半自动线	100 W	20 W	20 W	0 W	20 W	20 W	20 W	20 W
自动线	150 W	30 W	30 W	0 W	30 W	30 W	30 W	30 W
柔性线	200 W	40 W	40 W	0 W	40 W	40 W	40 W	40 W

（6）生产线净值：生产线净值=总投资额 − 累计折旧额=总投资额 − 折旧费 × $(n-1)$，其中 n 是建成的时间（年）。生产线属于固定资产，生产线的净值等于生产线的固定资产费用。建成的生产线算作机器设备，在建的生产线算作在建工程。每条生产线的净值如表 12.9 所示，从表中可以看出，生产线的折旧时间只有五年，由于在建成的第五年净值等于残值，因此，第六年将不再提折旧费。

表 12.9　生产线净值（平均年限法）

生产线类型	投资总额	残值	折旧费	建成第一年	建成第二年	建成第三年	建成第四年	建成第五年	建成第六年
手工线	50 W	10 W	10 W	50 W	40W	30W	20W	10W	10W
半自动线	100 W	20 W	20 W	100 W	80W	60W	40W	20W	20W
自动线	150 W	30 W	30 W	150 W	120W	90W	60W	30W	30W
柔性线	200 W	40 W	40 W	200 W	160W	120W	80W	40W	40W

（7）生产线残值：不论何时出售生产线，价格均为残值，净值和残值之差计入损失。

（8）生产线维护费：商战标准规则中，系统在年末会对建成的生产线自动扣除 10W 维护费。建好的生产线（包括当年建成的生产线以及转产中的生产线）在每年年末都要缴纳维护费；当年已经出售的生产线（包括已经退租的租赁线）和尚未完成安装的生产线年末无须缴纳维护费。

12.3.7　在建生产线

点击图 12.11 主操作区的“在建生产线”按钮，即可进入“在建生产线”的操作界面，如图 12.18 所示，在对话框中会显示出可以继续投资的生产线信息，包括生产线的类型、产品、累计投资、开建时间和剩余时间等。选中需要继续投资的生产线，点击“确认”按钮即可完成在建生产线操作。根据年初会议制订的计划，第一年第一季度没有在建生产线，因此该界面无可选生产，如图 12.19 所示。

注意：在线生产线操作每季度只允许一次，且该操作是不可逆的。在实际操作过程中，需要一次性选中所有需要继续投入的生产线，再点击“确认”按钮。

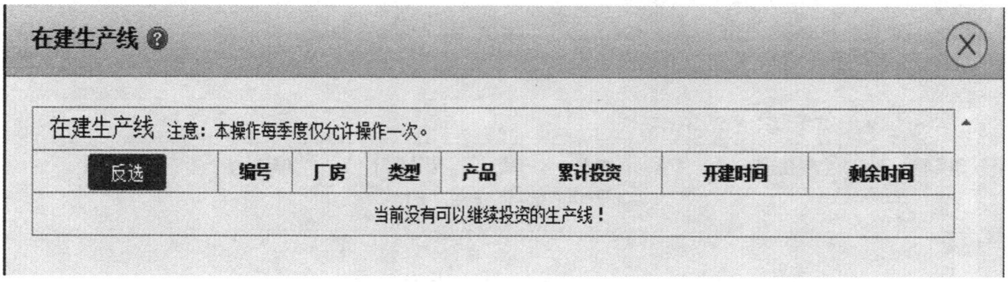

图 12.18　在建生产线（a）

根据年初召开的年度规划会议制订的第一年经营计划，第一年第一季度新建了一条生产 P2 的自动线，从第一年第二季度开始，需要对之前新建的生产线进行在建生产线操作，直到该生产线建成为止。

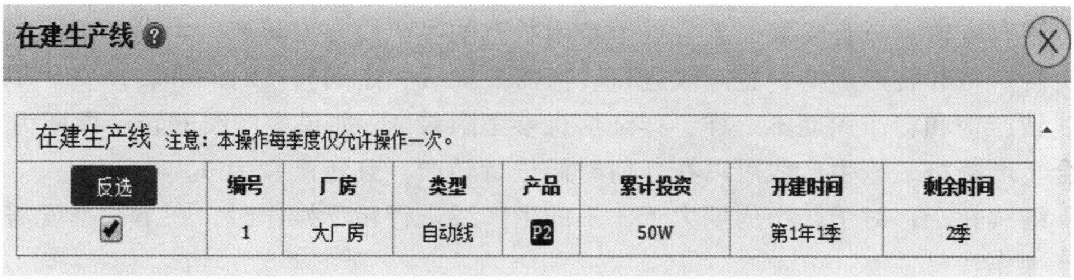

图 12.19　在建生产线（b）

说明：

生产线不允许加速投资，但可以中断投资。如第一年第一季度新建了 1 条自动线，第一年第二季度可以选择不继续投资在建生产线，而到了第三季度再继续投资建设。因此，操作的时候一定要谨慎，如果要继续投资生产线建设，一定要点击“在建生产线”这一操作，否则，系统将会判定为中断生产线的建设。

12.3.8 生产线转产（继续转产）

点击图 12.11 操作界面下方的“生产线转产”按钮，即可进入“生产线转产”的操作界面（见图 12.20），对话框中会显示出可以转产的生产线信息，包括生产线的类型、产品类型、转产周期和转产费等。选中需要进行转产操作的生产线，点击“确认转产”按钮即可。

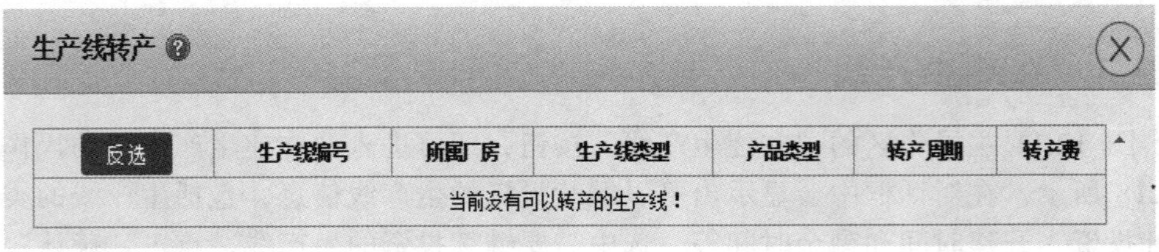

图 12.20 生产线转产

由于某些生产线的转产周期不为 0，转产之后，仍需要在下一季度进行“继续转产”操作才能完成生产线的转产（操作界面如图 12.21 所示）。

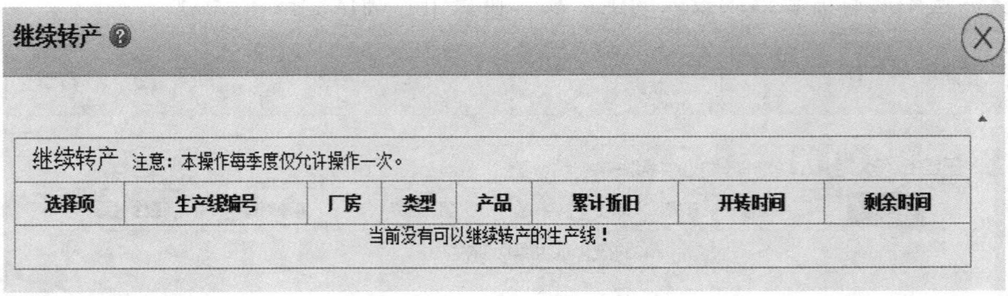

图 12.21 继续转产

转产规则：

（1）转产需求：新建生产线时需要明确计划生产的产品类型，但企业在实际运营过程中，随着市场需求的变化，可能需要变更某些生产线生产的产品类型，这就要求对生产线进行转产操作。

（2）转产资格：只有安装完成且处于空闲状态的生产线方可转产。

（3）转产费和转产周期：生产线进行转产需要耗费一定的转产时间和转产费。不同类型的生产线转产费和转产周期不一样，详细信息参考附录 1。如果生产线的转产周期为 0 季，只要符合转产资格，该生产线可以在任何时候进行转产，且转产费为 0。

（4）继续转产：对于转产周期大于 1 季的生产线进行转产操作时，在下一季度需要进行继续转产操作。

12.3.9 出售生产线

企业在生产运营过程中，随着战略情况的改变，有时候需要出售一些多余的生产线。具体操作是，点击图 12.11 操作界面下方的“出售生产线”按钮，即可弹出“出售生产线”对话框（见图 12.22）。在对话框中会显示出可以出售的生产线信息，包括生产线编号、类型、开建时间、所属厂房、产品、净值和建成时间等。勾选中生产线编号前面的复选框，点击“确认”按钮即可出售相应的生产线。

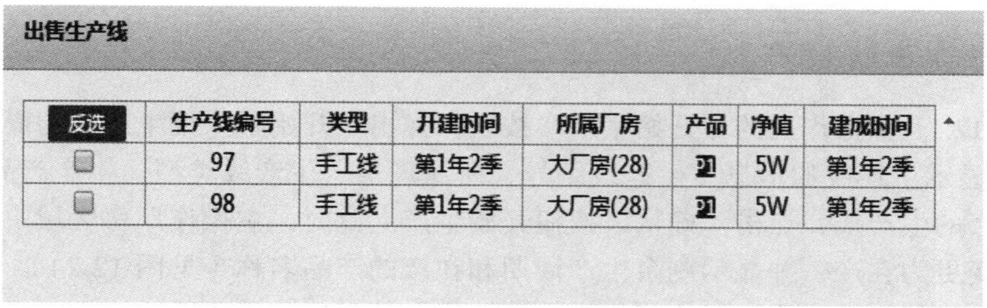

出售生产线

反选	生产线编号	类型	开建时间	所属厂房	产品	净值	建成时间
☐	97	手工线	第1年2季	大厂房(28)	P1	5W	第1年2季
☐	98	手工线	第1年2季	大厂房(28)	P1	5W	第1年2季

图 12.22　出售生产线

出售生产线规则：

（1）出售资格：只有安装完成且处于空闲状态的生产线方可出售，即生产线上没有正在生产的产品。

（2）计入损失：不论何时出售生产线，出售时按生产线残值收取现金，净值与残值之间的差额计入损失，而净值为生产线的投资总额减去累计折旧额（计算损失的公式如下所示）。所以出售已折旧完成的生产线不会产生损失，出售未折旧完成的生产线会产生损失。

损失＝投资总额－累计折旧额－残值

【例 12.8】 商战标准规则中自动线安装周期为 3 季、投资总额 150W、残值 30W、折旧时间 5 年。企业在第一年第一季度开始安装一条自动线，则该生产线何时可以出售，损失多少？若在第二年出售，损失又是多少？

根据题目可以整理出表 12.10，从表中可以看出，在第一年第三季度末结束生产线的安装，第四季度处于空闲的待生产状态，可以进行出售。

表 12.10　出售生产线的时间计算

生产线类型	投资总额	安装周期	残值	折旧费	折旧时间	第一年（生产线状态）			
						第一季度	第二季度	第三季度	第四季度
自动线	150 W	3 季	30W	30W	5 年	50W 在建	50W 在建	50W 在建	建成（空闲）

无论企业何时出售生产线，价格均为残值。因此，企业无论何时出售这条自动线，都只会收到 30W 现金。

第一年第四季度出售：

由于生产线在建成当年不提折旧，因此，累计折旧额为 0。

损失=总投资额－累计折旧额－残值=150W－0W－30W=120W

第二年出售：

生产线在检查第二年开始提折旧，折旧费为 30W。

损失=总投资额－累计折旧额－残值=150W－30W－30W=90W

因此，企业在第一年第四季度可以出售该生产线，收到 30W 现金，同时产生 120W 损失。

若在第二年将其出售，则会收到 30W 现金，同时产生 90W 损失。

12.3.10 开始生产

点击图 12.11 主操作区的“开始生产”按钮，弹出“开始下一批生产”的操作界面（见图 12.23），显示生产线的信息（生产线编号、所属厂房、生产线类型、生产产品类型），选中要投入生产的生产线，点击“确认”按钮开始生产。此时，主操作厂房区域中，相应生产线的状态会变更为在产，并显示剩余生产周期和在产的产品名称（见图 12.24）。

对于生产原料不足造成的无法开始生产的情况，可以通过紧急采购缺少的原料解决，但是紧急采购的成本会增加一倍（具体操作见“12.5.2 紧急采购”）。

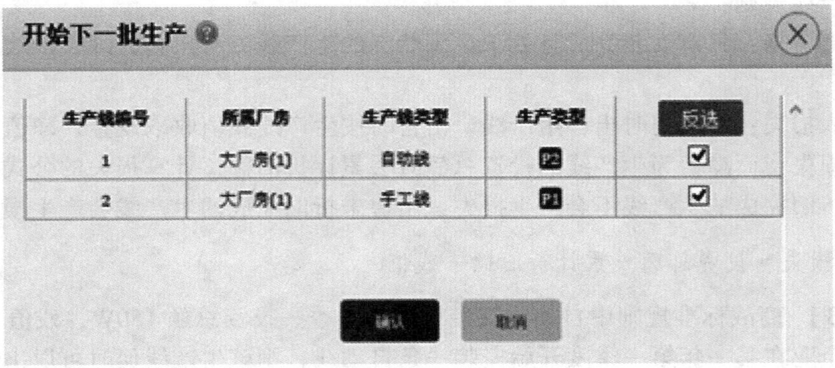

图 12.23 开始下一批生产

图 12.24 生产中的生产线

开始生产规则：

（1）生产规则：一条生产线一次只能生产 1 个产品。

（2）开始生产的条件：开始生产必须同时满足四个条件，生产线处于空闲状态、产品研发完成（先研发，后生产）、充足的生产原料以及足够的现金用以支付产品的加工费。点击“开始下一批生产”操作的确认键后，系统会自动扣除产品的加工费，以及从原料库中自动调用需要的原料，并自动更新原料库存。

【例 12.9】 假如生产 P1 产品的原料为 1 个 R1，加工费是 10W。想在半自动生产线上生产该产品，则需要满足什么样的条件？

该企业需要同时具备以下四个条件：

条件 1：一条空闲的，生产 P1 的半自动线；

条件 2：完成产品 P1 的研发；

条件 3：原料库中有 1 个 R1；

条件 4：10W 现金。

12.3.11　应收款更新

点击图 12.11 主操作区的“应收款更新”按钮，弹出“应收款更新”的操作界面（见图 12.25），显示收现金额，点击“确认”按钮进入下一个主操作区。在该系统的操作过程中，每一个主操作区的最后一个按钮代表该操作区的结束。

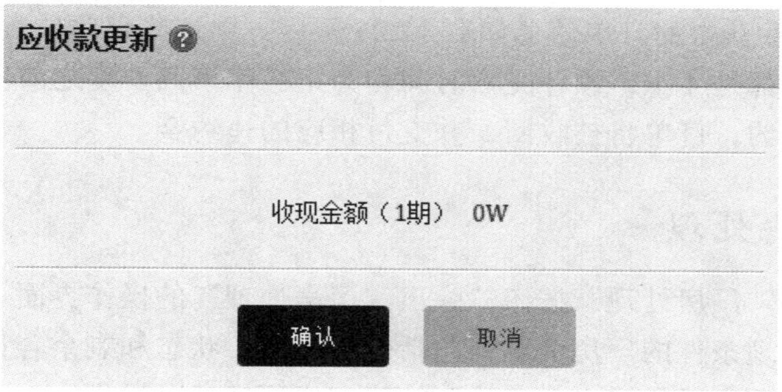

图 12.25　应收款更新

说明：“应收款更新”操作会自动减少企业应收款项的 1 个账期。分为两种情况：1 期应收款自动收现，2、3、4 期应收款减少 1 个账期。

12.3.12　按订单交货

点击主操作区的“按订单交货”按钮，弹出“订单交货”的操作界面（见图 12.26）。该对话框显示可以交付订单的详细信息，包括市场、产品、数量、总价、交货期和账期等，点击每条订单后的“确认交货”按钮执行订单交付。如果订单所需产品库存充足的情况下，显示交货成功，得到应收账款或者现金（账期为 0）；如果产品库存不足，则提示“库存不足”。

订单交货

订单编号	市场	产品	数量	总价	得单年份	交货期	账期	ISO	操作
24-0017	本地	P1	4	19W	第2年	4季	1季	-	确认交货
24-0049	区域	P1	3	15W	第2年	4季	3季	-	确认交货
24-0076	区域	P2	3	20W	第2年	4季	2季	-	确认交货
24-0085	区域	P3	2	15W	第2年	4季	2季	-	确认交货
24-0032	本地	P2	3	18W	第2年	4季	3季	-	确认交货

图 12.26　订单交货

按订单交货规则：

（1）交货条件：首先，产品具有订单要求的 ISO 认证；其次，库存中产品数量大于或等于订单中对应产品的数量。两个条件，缺一不可。

（2）交货时间：交单可提前，但不可推后，即可以在预计交货期之前确认交货。

【例 12.10】某企业在第二年获得了一张本地市场交付 4 个 P1 的订单，订单总价是 120W，交货期为 3 季，账期是 2 季。计算该订单的预计交货时间和到账时间。

获得订单的时间均是每年年初，该订单的交货期为 3 季，因此，预计交单时间为第二年第三季度之前；账期为 2 季，预计到账时间为第三年的第一季度。

（3）交货违约：过了交货期未确认交货的订单，视作违约。违约将收回订单，且扣除一定比例的违约金（按四舍五入计算）。商战标准规则中，违约金比例由裁判在系统参数中设置，通常为 20%。由于违约订单没有交付，不产生销售收入和直接成本，违约金计入损失。

【例 12.11】 企业获得的订单信息如图 12.26 所示，则这些订单什么时候会违约？

所有订单的账期都是 4 季，预计交货时间均为第二年第四季度之前。若到了第四季度末还未交单，则视作违约，订单将被收回，并支付相应的违约金。

12.3.13 厂房处理

点击主操作区的“厂房处理”按钮，弹出“厂房处理”的操作界面（见图 12.27）。该对话框会显示出符合处理条件的厂房信息，包括厂房类型、状态和剩余容量等信息。通过勾选需要处理的厂房和处理方式，点击“确认”按钮完成厂房处理操作。

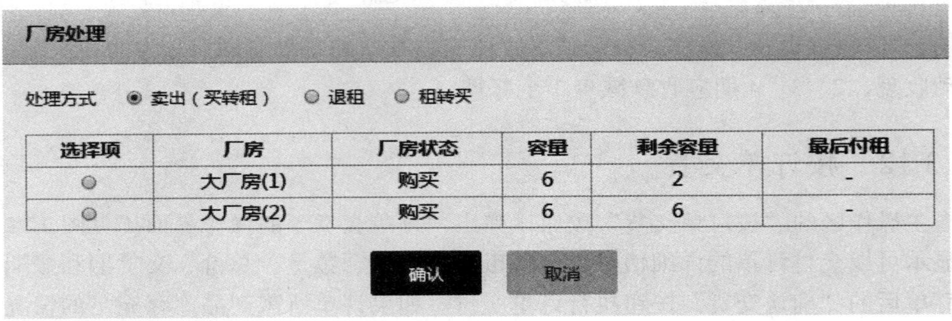

图 12.27　厂房处理

厂房处理方式规则：

（1）卖出（买转租）：针对已经购买了的厂房可以选择这一操作（不要求厂房空置），主要包括两个步骤：第一，厂房出售，得到一定的应收账款（通常，商战标准规定：厂房出售得到 4 个账期的应收账款，详见附录 1）；第二，租用该厂房，同时扣除对应的租金。

（2）退租：针对之前租用的厂房可以选择“退租”操作（要求厂房空置，厂内无任何生产线）。

（3）租转买：针对之前租用的厂房也可以选择“租转买”（不要求厂房空置），按照厂房的购买价格一次性付清购买房款，点击“确认”键后，系统自动扣除现金。

【例 12.12】 规定大厂房的购买价格是 300W，租用价格是 40W/年，出售价格为 300W。假如某企业想将原来购买的大厂房进行“买转租”处理，简单说明企业的资金变化。

根据买转租的操作说明，第一步，出售该大厂房，企业得到 4 个账期 300W 的应收账款；第二，重新租用该厂房，系统会自动扣除 40W 的现金，作为租用该大厂房的租金。

12.3.14 产品研发

企业要想生产任何一种产品，必须经过产品研发获得生产这种产品的生产许可证。具体操作：点击主操作区的“产品研发”按钮，弹出“产品研发”的操作界面（见图 12.28）。点击产品名称前面的复选框，选中需要研发的产品，点击“确认”按钮。

根据计划，企业需要在第一年第一季度研发 P2 产品，如图 12.28 所示；同时需要在第一年第二季度研发 P1 产品。在第一年第二季度进行研发 P1 产品操作时，需要对尚未完成研发的 P2 继续进行研发投资操作，如图 12.29 所示。

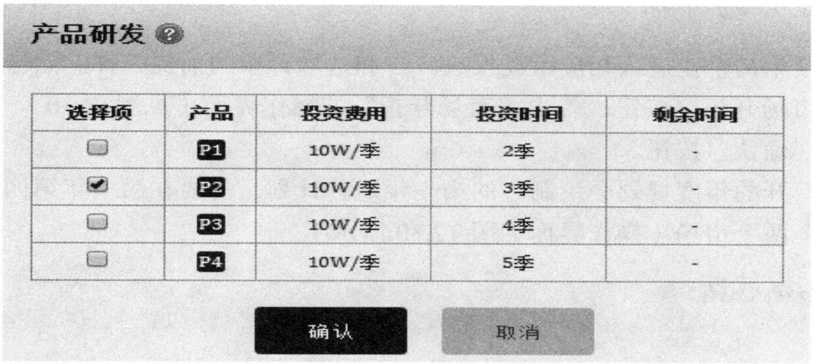

图 12.28　产品研发（a）

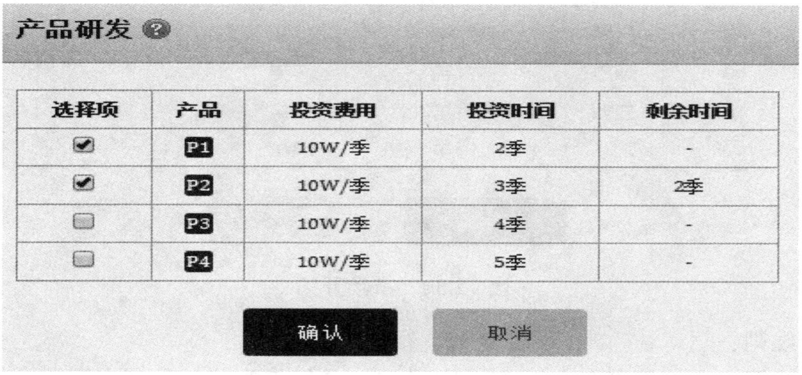

图 12.29　产品研发（b）

产品研发规则：

（1）研发时间：每个季度都可以进行“产品研发”操作。

（2）研发投资：每种产品研发需要分期按照季度投入研发费用，规则见表 12.11。

【例 12.13】 我们在第一年第一季度研发 P2 产品，第二、三季度继续进行 P2 产品研发投资，第三季度当季结束获得生产许可证，第四季度即可生产 P2 产品。

表 12.11　产品研发（商战标准规则）

名称	加工费	每季开发费	开发时间	直接成本	产品组成
P1	10 W	10 W	2 季	20 W	R1
P2	10 W	10 W	3 季	30 W	R2+R3
P3	10 W	10 W	4 季	40 W	R1+R3+R4
P4	10 W	10 W	5 季	50 W	R2+R2+R3+R4

（3）投资中断：产品研发过程中，因为资金周转或者操作失误等原因，研发投资过程可以中断或终止，但不允许超前或集中投入。企业可以后面再接着投资，直至产品研发完成拿到该产品生产许可证。如果某产品研发没有完成，将无法生产该产品。

（4）投资费用：开发费用在当季末支付，企业已经投资的研发费后面不能再回收。

12.3.15　市场开拓

市场开拓是年初企业进入相应市场投放广告和选取订单的前提条件。点击操作界面下方主操作区的“市场开拓”按钮，弹出“市场开拓”的操作界面（见图 2.30）。选中需要开拓的市场，点击“确认”按钮。

根据年初召开的年度规划会议制订的第一年经营计划，需要在第一年第四季度开拓“本地”和“国内”两个市场（操作界面如图 12.30 所示）。

选择项	市场	投资费用	投资时间	剩余时间
☑	本地	10W/年	1年	-
☐	区域	10W/年	1年	-
☑	国内	10W/年	2年	-
☐	亚洲	10W/年	3年	-
☐	国际	10W/年	4年	-

图 12.30　市场开拓

市场开拓规则：

（1）操作时间：市场开拓每年只有 1 次操作，在每年的第四季度末。

（2）市场类型：商战标准中有 5 种不同的市场类型，分为本地、区域、国内、亚洲和国际五种类型。类型不同，开发时间不同，总开发费用也不一样。开发规则如表 12.12 所示。

表 12.12　市场开拓（商战标准规则）

名称	每年开发费	开发时间
本地	10 W	1 年
区域	10 W	1 年
国内	10 W	2 年
亚洲	10 W	3 年
国际	10 W	4 年

（3）投资中断：市场开拓过程中，因为资金周转或者操作失误等原因，可以中断或者终

止市场开拓的投资，但不允许加速投资。

（4）开发费用：年末支付。

（5）特别说明：在完成了市场开拓的下一年年初才可以在该市场投放广告。在实际运营过程中，第一年就要开始进行市场开拓，否则第二年年初就不能抢订单。以国内市场为例，根据商战标准规则，国内市场需要开发 2 年，则企业分别在第一年、第二年进行国内市场开拓投资，第三年年初才可以投放国内的广告，选取国内的订单。

12.3.16　ISO 投资

如果企业想在竞单会上投标带有 ISO 认证的订单，则必须具备相应的 ISO 资格证。点击操作界面下方主操作区的“ISO 投资”按钮，系统自动进入“ISO 投资”的操作界面（见图 12.31）。该对话框会显示出可以投资的 ISO 名称、投资费用、投资时间和剩余投资时间，选中需要投资的 ISO 认证，点击“确认”键进行 ISO 投资操作。

根据年初召开的年度规划会议制订的第一年经营计划，第一年本季度无操作。

图 12.31　ISO 投资

ISO 投资规则：

（1）操作时间：每年第四季度末，ISO 投资每年只有 1 次操作。

（2）ISO 认证名称：ISO9000（质量体系认证）和 ISO14000（环境管理体系认证）。

（3）投资中断：ISO 投资可以中断，但不可以加速投资，直至 ISO 投资完成才能领取相应的资格证。

（4）认证费用：每年年末支付。

（5）ISO 资格有效期：ISO 资格获取后无须交维护费，中途停止使用，也可以继续拥有资格并在以后年份使用。

12.3.17　当季（年）结束

每年第一至四季度末都会有“当季结束”这一操作。点击操作界面下方主操作区的“当季结束”按钮，如果当前时间处于第一至三季度，系统会自动弹出“当季结束”的对话框（见图 12.32 左）；若当前时间处于第四季度，则会弹出“当年结束”的对话框（见图 12.32 右）。点击“确认”按钮后，系统自动扣除相应费用。

当季（年）结束支付费用说明：

（1）当季结束：系统自动扣除厂房管理费、厂房续租的租金和产品研发的开发费。

（2）当年结束：系统自动扣除当季的厂房管理费、厂房续租的租金、产品研发的开发费；扣除当年投资的市场开拓费、ISO 认证开发费、设备维护费、折旧费和当年违约订单的违约金。

图 12.32　当季（年）结束

12.3.18　订单违约

企业抢到的所有订单必须按订单上的产品种类、数量在预计交付时间按订单交货（可以提前交货）。如果没有及时交货，则视为违约订单，按下列条款加以处罚：

（1）所有违约订单将被收回。

（2）违约订单将按订单总价的百分比（四舍五入）计算违约金，并在“当年结束”后自动扣除，违约金计入损失。

【例 12.14】 假如订单的违约金比例是 20%，某企业违约了一张总价为 299W 的订单，则需要交纳多少违约金？

违约金=订单总价×违约金比例=299×20%=59.8W≈60W

12.4　年末运营操作

12.4.1　填写报表

点击“当年结束”的确认操作后，系统会自动切换到下一个主操作区域，在进行下一年年初“投放广告”操作之前，需要先点击操作界面下方主操作区的“填写报表”，依次填写当年的三张财务报表（综合费用表、利润表和资产负债表），操作界面如图 12.33～12.35 所示。学生端的报表提交之后，教师端可以查看报表填写得是否正确。

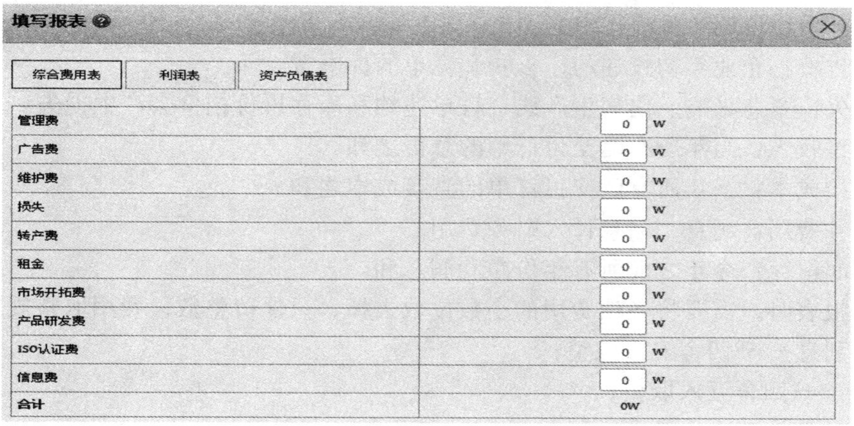

图 12.33　填写报表——综合费用表

图 12.34　填写报表——利润表

图 12.35　填写报表——资产负债表

部分财务费用说明（见表 12.13 ~ 12.16）：

（1）广告费：企业年初投递的广告费和竞单的标书费。

（2）损失：紧急采购、出售生产线、订单违约和库存折价拍价会产生损失。

（3）销售收入：当年所有已交付订单的总价之和。

（4）直接成本：当年所有已交付订单的直接成本之和。

（5）财务费用：利息、贴息计入财务费用。

（6）利润留存：今年之前所有年份净利润总和。

在填写报表时，需要将各项费用的小数位数去掉，只保留整数，费用取整规则如下：

长短贷利息 ——四舍五入取整；

违约金 ——四舍五入取整；

扣税 ——四舍五入取整；

库存拍卖所得现金 ——向下取整；

贴现费用 ——向上取整。

表 12.13　经营记录表

	手工操作流程	系统操作	手工记录			
年初	新年度规划会议					
	广告投放	输入广告费确认				
	参加订货会选订单/登记订单	选单				
	参加竞单会/登记订单	竞单，扣除标书费				
	支付应付税	系统自动				
	支付长贷利息	系统自动				
	更新长期贷款/长期贷款还款	系统自动				
	申请长期贷款	输入贷款数额并确认				
1	季初盘点（请填余额）	产品下线，生产线完工(自动)				
2	更新短期贷款/短期贷款还本付息	系统自动				
3	申请短期贷款	输入贷款数额并确认				
4	原材料入库/更新原料订单	需要确认金额				
5	下原料订单	输入并确认				
6	购买/租用 ——厂房	选择并确认，自动扣现金				
7	更新生产/完工入库	系统自动				
8	新建/在建/转产/租赁/变卖 ——生产线	选择并确认				
9	开始下一批生产	选择并确认				
10	更新应收款/应收款收现	需要输入到期金额				

续表

	手工操作流程	系统操作	手工记录			
11	按订单交货	选择交货订单确认				
12	产品研发投资	选择并确认				
13	厂房——出售（买转租）/退租/租转买	选择确认，自动转应收款				
14	新市场开拓/ISO资格投资	仅第四季允许操作				
15	支付管理费/更新厂房租金	系统自动				
16	紧急采购（随时进行）	随时进行输入并确认				
17	出售库存（随时进行）	随时进行输入并确认				
18	厂房贴现（随时进行）	随时进行输入并确认				
19	应收款贴现（随时进行）	随时进行输入并确认				
20	季末收入合计					
21	季末支出合计					
22	季末数额对账[(1)+(20)－(21)]					
年末	缴纳违约订单罚款	系统自动				
	支付设备维护费	系统自动				
	计提折旧	系统自动				
	新市场/ISO资格换证	系统自动				
	结账	在系统中填制报表				

表 12.14　综合管理费用　（单位：万元）

项　目	金　额
管理费	
广告费	
维护费	
损失	
转产费	
厂房租金	
市场开拓费	
产品研发	
ISO 认证费	
信息费	
合计	

表 12.15 利润表（单位：万元）

销售收入	
减：直接成本	
= 毛利	
减：综合费用	
= 折旧前利润	
减：折旧	
= 支付利息前利润	
减：财务费用	
= 税前利润	
减：所得税	
= 年度净利润	

表 12.16 资产负债表（单位：万元）

资产	期初数	期末数	负债及所有者权益	期初数	期末数
现金			长期负债		
应收账款			短期负债		
在制品			应交税金		
产成品					
原材料					
流动资产合计			负债合计：		
厂房			股东资本		
生产线			利润留存（以前年度利润）		
在建工程			年度净利润		
固定资产合计			所有者权益合计：		
资产合计：			负债及所有者权益合计：		

所得税的计算方法：

企业在年末需要根据本年企业收入及盈利计算本年的所得税，并在第二年年初上缴。但并不是每年都需要交所得税，上缴所得税需要满足以下两个条件：

经营当年盈利（利润表中：税前利润为正）；

当年的盈利在连续弥补了前面至多 5 年亏损后，仍盈利。

以利润表为计算依据最为清晰，下面以实例说明。（见表 12.17）

表 12.17 所得税计算（a）

年份	第一年	第二年	第三年	第四年	第五年	第六年
税前利润	－10	50	－20	－30	40	130
所得税	0	10	0	0	0	30
年度净利润	－10	40	－20	－30	40	100

第一年亏损当然不交，第二年盈利 50，补了第一年亏损后盈利 40，税率为 25%，则所得税为 10。第三、四年亏损，不交税，第五年盈利，但不足以弥补第三、四年亏损，故不交税。此处要注意，第一年虽然亏损，但在第二年已经弥补，所以第五年不需要再次弥补第一年亏损。第六年盈利，需要与未交税的第三、四、五年累计计算应税利润，为(－20)+(－30)+40+130=120，所得税为 30。

总之，从当年开始，与前面连续无所得税年份（最多 5 年）的税前利润累加，得到应税利润，若大于零，则有所得税。

系统中只取整数，对小数如何处理呢？下面以两个例子说明。（见表 12.18～12.19）

表 12.18　所得税计算（b）

年度	第一年	第二年	第三年	第四年
税前利润	－160	50	111	5
所得税	0	0	0	2
年度净利润	－160	50	111	3

第三年累计税前利润为 1W，应税利润为 1W，所得税为 0.25W，四舍五入，当年不交。由于第三年没有交，则当年 1W 应税利润要累计到下年，第四年税前利润为 5W，应税利润为 6W，四舍五入，所得税为 2W。

表 12.19　所得税计算（c）

年度	第一年	第二年	第三年	第四年
税前利润	－160	50	115	5
所得税	0	0	1	1
年度净利润	－160	50	111	4

第三年累计税前利润为 5W，应税利润为 5W，所得税为 1.25W，四舍五入为 1W。由于第三年交了税，则当年的 1W 未交应税利润不要累积到下年，第四年税前利润为 5W，应税利润为 5W，所得税为 1W。

从以上两例看出，即使有小数，还是符合以下原则：从当年开始，与前面连续无所得税年份（最多 5 年）的税前利润累加，得到应税利润，若大于零，则有所得税。

12.4.2　企业破产

模拟企业在当年结束系统生成资产负债表时，如果所有者权益为负或者现金断流，则企业破产。

破产企业无法继续进行经营，退出比赛。如果企业要继续维持经营，企业可以在破产前向裁判申请融资（特别贷款或者继续追加股东资本）。裁判也可以在企业破产后在裁判端修改企业经营状态（将“企业破产”修改为“经营中”）让破产企业继续经营。

12.5 流程外运营操作

12.5.1 贴现

当企业缺少周转资金时，可以对未到账的应收账款进行“贴现”操作，使应收账款提前到账。“贴现”属于流程外运营操作，任何时候都可以进行，位于工业电子沙盘的整体操作界面的最下端（见图 11.8）。用鼠标单击下端区域的“贴现”，系统会自动弹出“贴现”的操作界面（见图 12.36）。“贴现”界面会显示贴现的剩余账期、应收账款金额，只需要在对应账期的贴现额一栏输入金额（贴现额应小于等于应收款），点击“确认”按钮，系统自动扣除贴现利息后，将剩余的贴现额加入现金。

贴现

剩余账期	应收款	贴现额
1季	0W	0 W
2季	0W	0 W
3季	0W	0 W
4季	280W	0 W

确认　取消

图 12.36　贴现

贴现规则：

（1）操作时间：任何时候。

（2）前提条件：企业存在未到账的应收账款。贴现是提前将企业的应收账款收回，如企业按订单交货时得到 2 个账期的应收账款，而此时企业急需现金周转，可以选择贴现，直接得到现金。

（3）贴现利息：贴现利息=贴现额×贴现率（贴现率由裁判在系统参数中设置，1、2 期贴现率相同；3、4 期贴现率相同）。贴现操作时系统自动扣除贴现利息。

【例 12.15】 规定 1、2 期贴现率为 10%，3、4 期贴现率为 12.5%。某企业现有 1 个账期应收账款 62W 和 2 个账期应收账款 80W，假如企业现在要将这些应收账款全部贴现，计算企业的贴现利息和实际到账现金。

贴现利息=贴现额×贴现率=62W×10%+80W×10%=14.2W≈15W（向上取整）

实际到账现金=贴现额－贴现利息=62W+80W－15W=127W

企业的贴现利息为 15W，实际到账金额是 127W。

12.5.2 紧急采购

“紧急采购”适用于两种情形：第一，在进行“开始下一批”生产操作时，如果发现库存原料不足时，可以选择“紧急采购”原料，以便正常开始生产；第二，在进行“按订单交货”

操作时，点击“确认交货”后，如果提示产品库存不足，可以选择“紧急采购”产品，以便按时完成订单交货，避免违约产生更多的损失。

用鼠标单击下端区域的“紧急采购”，系统自动弹出“紧急采购”的操作界面（见图 12.37）。“紧急采购”界面会显示原料和产品的名称、现有库存、紧急采购价格，只需要在订购量一列输入数量，点击“确认”按钮完成紧急采购。

根据年初召开的年度规划会议制定的第一年经营计划，第一年第四季度，因为生产 P2 缺少一个 R3，如果一定要在此季度生产 P2，就需要紧急采购一个 R3。

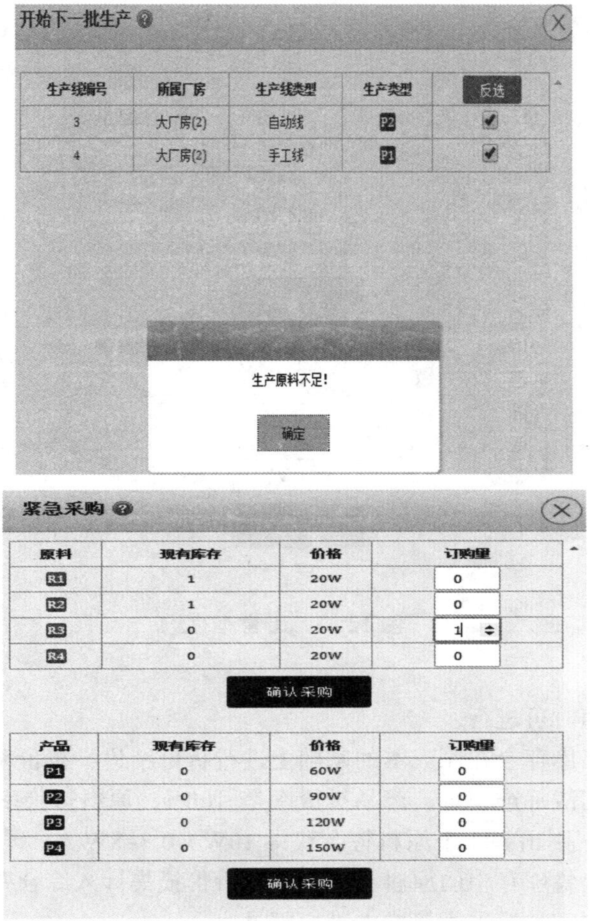

图 12.37　紧急采购

紧急采购规则：

（1）操作时间：随时可进行（竞单时除外）。

（2）紧急采购原料：原料不足一般以原料直接成本的 2 倍价格进行购买，裁判可在系统参数中进行设置。紧急采购的原料直接到货。

（3）紧急采购产品：产品不足一般以产品直接成本的 3 倍价格进行购买，裁判可在系统参数中进行设置。紧急采购的产品直接到货。

（4）计入损失：紧急采购原料和产品时，紧急采购多付出的成本计入综合费用表中的损失，利润表中直接成本仍然按照产品标准直接成本进行记录。

12.5.3 出售库存

当企业在资金极度短缺时，又没有应收账款可以贴现，为了维持企业的运营，在不得已的情况下，可以考虑出售库存中的原料或产品。具体操作：点击下端区域的“出售库存”，系统自动弹出“出售库存”的操作界面（见图 12.38）。该操作界面会显示企业现有原料和产品的库存数量、销售价格，只需要在出售数量一列输入数据，点击“确认”按钮即可。

图 12.38 出售库存

出售库存说明：

（1）操作时间：随时可进行。

（2）折价率：出售库存会在原成本的基础上进行折价销售，折价率由裁判在系统参数中设置。通常情况下，商战标准规定，产品折价率是 100%，原料折价率是 80%。假如一个原材料的成本价是 10W，则出售 1 个原料将会获得 10W × 0.8=8W。

（3）计入损失：出售库存中的原料和产品时，折价损失计入综合费用表中的损失，利润表中直接成本仍然按照产品标准直接成本进行记录。

12.5.4 厂房贴现

厂房出售得到 4 个账期的应收账款，紧急情况下可进行厂房贴现（4 季贴现），直接得到现金。

具体操作：点击下端区域的“厂房贴现”，系统自动弹出“厂房贴现”的操作界面（见图 12.39）。该操作界面会显示可以进行“厂房贴现”的厂房信息，选中需要贴现的厂房，点击“确认”按钮即可。

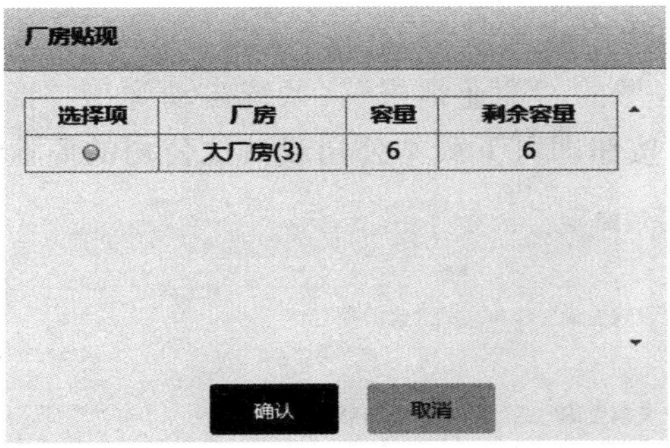

图 12.39　厂房贴现

厂房贴现规则：

（1）操作时间：随时可进行。

（2）贴现金额：系统自动全部贴现，不允许部分贴现。

（3）说明：如果厂房里有生产线，除按售价贴现外，系统会自动扣除该厂房的租金，用以保证厂房能够继续正常经营；如果厂房里无生产线，厂房按照原值售出后，售价按 4 季应收账款全部贴现。

12.5.5　订单信息

在经营过程中，企业可以随时查看已经获得的订单信息，点击下端区域的“订单信息”，系统自动弹出“订单信息”的对话框（见图 12.40）。该对话框会详细显示本企业订单的市场、产品、总价和交付状态等订单情况，订单可以按年份进行排序。

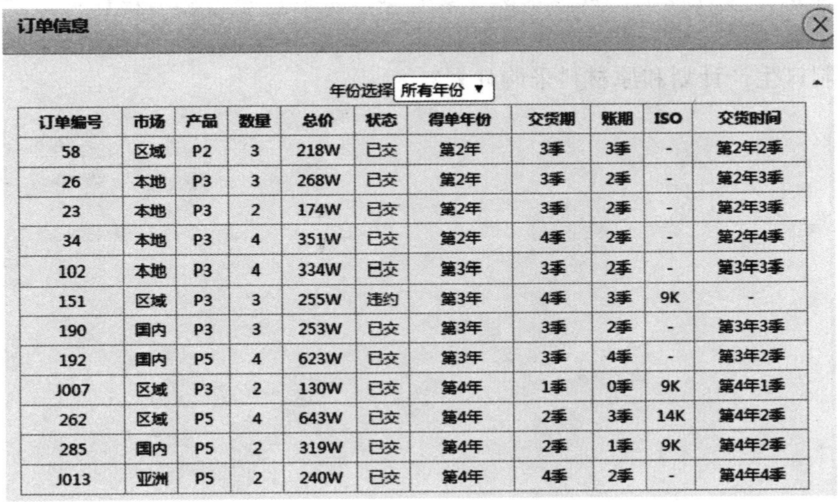
订单信息

年份选择 所有年份

订单编号	市场	产品	数量	总价	状态	得单年份	交货期	账期	ISO	交货时间
58	区域	P2	3	218W	已交	第2年	3季	3季	-	第2年2季
26	本地	P3	3	268W	已交	第2年	3季	2季	-	第2年3季
23	本地	P3	2	174W	已交	第2年	3季	2季	-	第2年3季
34	本地	P3	4	351W	已交	第2年	4季	2季	-	第2年4季
102	本地	P3	4	334W	已交	第3年	3季	2季	-	第3年3季
151	区域	P3	3	255W	违约	第3年	4季	3季	9K	-
190	国内	P3	3	253W	已交	第3年	3季	2季	-	第3年3季
192	国内	P5	4	623W	已交	第3年	3季	4季	-	第3年2季
J007	区域	P3	2	130W	已交	第4年	1季	0季	9K	第4年1季
262	区域	P5	4	643W	已交	第4年	2季	3季	14K	第4年2季
285	国内	P5	2	319W	已交	第4年	2季	1季	9K	第4年2季
J013	亚洲	P5	2	240W	已交	第4年	4季	2季	-	第4年4季

图 12.40　订单信息

12.5.6　商业情报

商业情报包括两方面的信息，一方面可以免费下载本公司的综合信息；另一方面可以支付一定的信息费查看其他公司的综合信息。商业情报可以查询到的信息包括：库存信息、银行贷款、研发认证、厂房与生产线等。

具体操作：点击下端区域的“商业情报”，系统自动弹出“商业情报”的对话框（见图 12.41），点击“确认下载”按钮即可下载本公司或其他公司的商业情报。

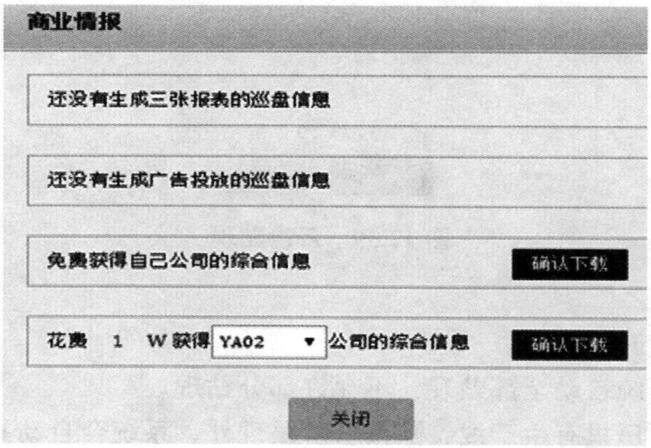

图 12.41 商业情报

复习思考题

1. 投入广告需要考虑哪些因素？

2. 各生产线有什么优缺点，应该如何选择？

3. 厂房租用好还是购买好，应该考虑什么？

4. 企业模拟运营过程中，资金来源主要有哪些渠道？相关规则是什么？各有什么优缺点？

5. 如何制订生产计划和原材料采购计划？

13　实验报告撰写规范

【学习目标】

知识目标：学习如何撰写沙盘模拟经营的实验报告。

技能目标：完成沙盘模拟经营的实验报告。

沙盘经营无论是正式比赛，还是模拟实训，都可以作为学生综合体验企业经营流程和学习掌握经营管理真谛的试验田。实验报告的撰写工作十分重要，能够记录学生在实训中的苦与乐，对学生今后的学习与成长起到十分重要的促进作用。

13.1　实验报告撰写内容与要求

撰写实验报告需按照一定的模版格式要求严格进行。

（1）实验名称：与实验指导书中的实验名称一致。

（2）实验目的：目的要明确，抓住重点，符合实验指导书中的要求。

（3）实验内容：简要描述实验方案的具体实施，包括实验过程的记录、数据和相应的分析。

（4）实验总结：简要总结实验内容和结果，对实验中所应用的知识进行总结。

（5）实验体会：实验中所面临的问题和成功经验，对未来的学习、生活和工作的指导和借鉴意义。

13.2　实验总结与体会

实验总结与体会是学生参加企业模拟经营之后一个非常重要的环节，一方面，督促学生在沙盘经营过程中积极思考，详细记录经营过程；另一方面，有利于学生从更高层次上思考与整理沙盘经营的流程、实训过程中成功与失败之处，以及提出未来的改进方向等。

复习思考题

试撰写企业模拟经营的实验报告。

附录 1　标准商战 ERP 沙盘模拟经营规则

1. 生产线

表 1

名称	投资总额	每季投资额	安装周期	生产周期	每季转产费	转产周期	维护费	残值	折旧费	折旧时间	分值
手工线	50 W	50 W	0 季	3 季	0 W	0 季	10 W/年	10 W	10 W	5 年	5
半自动	100 W	100 W	1 季	2 季	10 W	1 季	10 W/年	20 W	20 W	5 年	7
自动线	150 W	50 W	3 季	1 季	20 W	1 季	10 W/年	30 W	30 W	5 年	9
柔性线	200 W	50 W	4 季	1 季	0 W	0 季	10 W/年	40 W	40 W	5 年	10

（1）安装周期为 0，表示即买即用；

（2）计算投资总额时，若安装周期为 0，则按 1 算；

（3）不论何时出售生产线，价格为残值，净值与残值之差计入损失；

（4）只有空生产线方可转产；

（5）当年建成生产线需要交维护费；

（6）折旧（平均年限法）：建成当年不提折旧。

2. 融资

表 2

贷款类型	贷款时间	贷款额度	年息	还款方式	备注
长期贷款	每年年初	所有长短贷之和不超过上年权益 3 倍	10%	年初付息，到期还本	不小于 10W
短期贷款	每季度初		5%	到期一次还本付息	
资金贴现	任何时间	视应收账款额	1 季，2 季：10%; 3 季，4 季：12.5%	变现时贴息	1，2 期可以联合贴现（3，4 期同理）
库存拍卖	100%（产品）；80%（原料）				

3. 厂房

表 3

名称	购买价格	租用价格	出售价格	生产线容量	使用上限	分值
大厂房	300 W	40 W/年	300 W	4	4	10
小厂房	200 W	30 W/年	200 W	3	4	7

（1）厂房出售得到 4 个账期的应收账款，紧急情况下可厂房贴现，直接得到现金。

（2）厂房租入后，一年后可做租转买、退租等处理，续租系统自动处理。

（3）如果管理费与厂房数无关，则每季收取基本管理费（参数）；如果管理费与厂房数有关，则当厂房数量为 0，1，2，每季管理费为基本管理费；厂房数量为 3，4，每季管理费=基本管理费×2。

4. 市场开拓

市场开拓费用在年末平均支付，不允许加速投资，但可以中断投资。市场开拓完成后，下一年度即可进入该市场参加竞单。

表 4

名称	每年开发费	开发时间	分值
本地	10 W	1 年	5
区域	10 W	1 年	5
国内	10 W	2 年	8
亚洲	10 W	3 年	9
国际	10 W	4 年	10

5. ISO 认证

ISO 认证费用在年末平均支付，不允许加速投资，但可以中断投资。认证完成后，获得相应的竞单资格。

表 5

名称	每年开发费	开发时间	分值
ISO9000	10 W	2 年	8
ISO14000	20 W	2 年	10

6. 产品研发

产品研发费用在季末平均支付，不允许加速投资，但可以中断投资。研发完成后即可生产该产品。

表 6

名称	加工费	每季开发费	开发时间	直接成本	分值	产品组成
P1	10 W	10 W	2 季	20 W	7	R1
P2	10 W	10 W	3 季	30 W	8	R2+R3
P3	10 W	10 W	4 季	40 W	9	R1+R3+R4
P4	10 W	10 W	5 季	50 W	10	R2+R2+R3+R4

7. 原料设置

表 7

名称	购买单价	提前期
R1	10 W	1 季
R2	10 W	1 季
R3	10 W	2 季
R4	10 W	2 季

8. 其他说明

（1）紧急采购，付款即到货，原材料价格为直接成本的 2 倍；成品价格为直接成本的 3 倍。

（2）选单规则：上年本市场销售额最高（无违约）优先；其次看本市场本产品广告额；再看本市场广告总额；再看市场销售排名；如仍无法决定，先投广告者先选单。

（3）破产标准：现金断流或权益为负。

（4）第一年无订单。

（5）交单可提前，不可推后，违约收回订单。

（6）违约金扣除——四舍五入；库存拍卖所得现金——向下取整；贴现费用——向上取整；扣税——四舍五入；长短贷利息——四舍五入。

（7）库存折价拍价，生产线变卖，紧急采购，订单违约计入损失。

（8）排行榜记分标准：总成绩 = 所有者权益 ×（1 + 企业综合发展潜力/100）。

企业综合发展潜力=市场资格分值+ISO 资格分值+生产资格分值+厂房分值+各条生产线分值

生产线建成（包括转产）即加分，无须生产出产品，也无须有在制品；厂房状态必须为购买。

9. 重要参数

表 8

违约金比例	20 %	贷款额倍数	3 倍
产品折价率	100 %	原料折价率	80 %
长贷利率	10 %	短贷利率	5 %
1，2 期贴现率	10 %	3，4 期贴现率	12.5 %
初始现金	600 W	管理费	10 W
信息费	1 W	所得税率	25 %
最大长贷年限	5 年	最小得单广告额	10 W
原料紧急采购倍数	2 倍	产品紧急采购倍数	3 倍
选单时间	50 秒	首位选单补时	25 秒

续表

市场同开数量	2	市场老大	无
竞单时间	90 秒	竞单同竞数	3
最大厂房数量	4 个	管理费设置	与厂房数无关
用户端还原本年	关	用户端还原本季	关
贴现方式	联合	预测表查看	开
最大抢单数	不启用	抢单时间	90 秒

附录2　各年经营用表格

表9　第一年经营记录表

	手工操作流程	系统操作	手工记录			
年初	新年度规划会议					
	广告投放	输入广告费确认				
	参加订货会选订单/登记订单	选单				
	参加竞单会/登记订单	竞单，扣除标书费				
	支付应付税	系统自动				
	支付长贷利息	系统自动				
	更新长期贷款/长期贷款还款	系统自动				
	申请长期贷款	输入贷款数额并确认				
1	季初盘点（请填余额）	产品下线，生产线完工（自动）				
2	更新短期贷款/短期贷款还本付息	系统自动				
3	申请短期贷款	输入贷款数额并确认				
4	原材料入库/更新原料订单	需要确认金额				
5	下原料订单	输入并确认				
6	购买/租用——厂房	选择并确认，自动扣现金				
7	更新生产/完工入库	系统自动				
8	新建/在建/转产/租赁/变卖——生产线	选择并确认				
9	开始下一批生产	选择并确认				
10	更新应收款/应收款收现	需要输入到期金额				
11	按订单交货	选择交货订单确认				
12	产品研发投资	选择并确认				
13	厂房——出售（买转租）/退租/租转买	选择确认，自动转应收款				
14	新市场开拓/ISO资格投资	仅第四季允许操作				
15	支付管理费/更新厂房租金	系统自动				
16	紧急采购（随时进行）	随时进行输入并确认				
17	出售库存（随时进行）	随时进行输入并确认				
18	厂房贴现（随时进行）	随时进行输入并确认				
19	应收款贴现（随时进行）	随时进行输入并确认				
20	季末收入合计					
21	季末支出合计					
22	季末数额对账[(1)+(20)−(21)]					
年末	缴纳违约订单罚款	系统自动				
	支付设备维护费	系统自动				
	计提折旧	系统自动				
	新市场/ISO资格换证	系统自动				
	结账	在系统中填制报表				

表 10　第一年订单登记表

订单编号	市场	产品	数量	原材料	单个产品直接成本	得单年份	交货期	ISO 认证	总价	账期	销售收入	直接成本	毛利	违约金（计入损失）

表 11　第一年综合管理费用（单位：万元）

项　目	金　额
管理费	
广告费	
维护费	
损失	
转产费	
厂房租金	
市场开拓费	
产品研发	
ISO 认证费	
信息费	
合计	

表 12　第一年利润表（单位：万元）

销售收入	
减：直接成本	
= 毛利	
减：综合费用	
= 折旧前利润	
减：折旧	
= 支付利息前利润	
减：财务费用	
= 税前利润	
减：所得税	
= 年度净利润	

表 13　第一年资产负债表（单位：万元）

资产	期初数	期末数	负债及所有者权益	期初数	期末数
现金			长期负债		
应收账款			短期负债		
在制品			应交税金		
产成品					
原材料					
流动资产合计			负债合计：		
厂房			股东资本		
生产线			利润留存（以前年度利润）		
在建工程			年度净利润		
固定资产合计			所有者权益合计：		
资产合计：			负债及所有者权益合计：		

表 14　第二年经营记录表

	手工操作流程	系统操作	手工记录			
年初	新年度规划会议					
	广告投放	输入广告费确认				
	参加订货会选订单/登记订单	选单				
	参加竞单会/登记订单	竞单，扣除标书费				
	支付应付税	系统自动				
	支付长贷利息	系统自动				
	更新长期贷款/长期贷款还款	系统自动				
	申请长期贷款	输入贷款数额并确认				
1	季初盘点（请填余额）	产品下线，生产线完工（自动）				
2	更新短期贷款/短期贷款还本付息	系统自动				
3	申请短期贷款	输入贷款数额并确认				
4	原材料入库/更新原料订单	需要确认金额				
5	下原料订单	输入并确认				
6	购买/租用——厂房	选择并确认，自动扣现金				
7	更新生产/完工入库	系统自动				
8	新建/在建/转产/租赁/变卖——生产线	选择并确认				
9	开始下一批生产	选择并确认				
10	更新应收款/应收款收现	需要输入到期金额				
11	按订单交货	选择交货订单确认				
12	产品研发投资	选择并确认				
13	厂房——出售（买转租）/退租/租转买	选择确认，自动转应收款				
14	新市场开拓/ISO资格投资	仅第四季允许操作				
15	支付管理费/更新厂房租金	系统自动				
16	紧急采购（随时进行）	随时进行输入并确认				
17	出售库存（随时进行）	随时进行输入并确认				
18	厂房贴现（随时进行）	随时进行输入并确认				
19	应收款贴现（随时进行）	随时进行输入并确认				
20	季末收入合计					
21	季末支出合计					
22	季末数额对账[（1）+（20）-（21）]					
年末	缴纳违约订单罚款	系统自动				
	支付设备维护费	系统自动				
	计提折旧	系统自动				
	新市场/ISO 资格换证	系统自动				
	结账	在系统中填制报表				

表 15　第二年订单登记表

订单编号	市场	产品	数量	原材料	单个产品直接成本	得单年份	交货期	ISO 认证	总价	账期	销售收入	直接成本	毛利	违约金（计入损失）

表 16　第二年综合管理费用（单位：万元）

项　目	金　额
管理费	
广告费	
维护费	
损失	
转产费	
厂房租金	
市场开拓费	
产品研发	
ISO 认证费	
信息费	
合计	

表 17　第二年利润表（单位：万元）

销售收入	
减：直接成本	
= 毛利	
减：综合费用	
= 折旧前利润	
减：折旧	
= 支付利息前利润	
减：财务费用	
= 税前利润	
减：所得税	
= 年度净利润	

表 18　第二年资产负债表（单位：万元）

资产	期初数	期末数	负债及所有者权益	期初数	期末数
现金			长期负债		
应收账款			短期负债		
在制品			应交税金		
产成品					
原材料					
流动资产合计			负债合计：		
厂房			股东资本		
生产线			利润留存（以前年度利润）		
在建工程			年度净利润		
固定资产合计			所有者权益合计：		
资产合计：			负债及所有者权益合计：		

表 19　第三年经营记录表

	手工操作流程	系统操作	手工记录			
年初	新年度规划会议					
	广告投放	输入广告费确认				
	参加订货会选订单/登记订单	选单				
	参加竞单会/登记订单	竞单，扣除标书费				
	支付应付税	系统自动				
	支付长贷利息	系统自动				
	更新长期贷款/长期贷款还款	系统自动				
	申请长期贷款	输入贷款数额并确认				
1	季初盘点（请填余额）	产品下线，生产线完工（自动）				
2	更新短期贷款/短期贷款还本付息	系统自动				
3	申请短期贷款	输入贷款数额并确认				
4	原材料入库/更新原料订单	需要确认金额				
5	下原料订单	输入并确认				
6	购买/租用——厂房	选择并确认，自动扣现金				
7	更新生产/完工入库	系统自动				
8	新建/在建/转产/租赁/变卖——生产线	选择并确认				
9	开始下一批生产	选择并确认				
10	更新应收款/应收款收现	需要输入到期金额				
11	按订单交货	选择交货订单确认				
12	产品研发投资	选择并确认				
13	厂房——出售（买转租）/退租/租转买	选择确认，自动转应收款				
14	新市场开拓/ISO资格投资	仅第四季允许操作				
15	支付管理费/更新厂房租金	系统自动				
16	紧急采购（随时进行）	随时进行输入并确认				
17	出售库存（随时进行）	随时进行输入并确认				
18	厂房贴现（随时进行）	随时进行输入并确认				
19	应收款贴现（随时进行）	随时进行输入并确认				
20	季末收入合计					
21	季末支出合计					
22	季末数额对账[(1)+(20)−(21)]					
年末	缴纳违约订单罚款	系统自动				
	支付设备维护费	系统自动				
	计提折旧	系统自动				
	新市场/ISO 资格换证	系统自动				
	结账	在系统中填制报表				

表20　第三年订单登记表

订单编号	市场	产品	数量	原材料	单个产品直接成本	得单年份	交货期	ISO认证	总价	账期	销售收入	直接成本	毛利	违约金（计入损失）

表 21　第三年综合管理费用（单位：万元）

项　目	金　额
管理费	
广告费	
维护费	
损失	
转产费	
厂房租金	
市场开拓费	
产品研发	
ISO 认证费	
信息费	
合计	

表 22　第三年利润表（单位：万元）

销售收入	
减：直接成本	
= 毛利	
减：综合费用	
= 折旧前利润	
减：折旧	
= 支付利息前利润	
减：财务费用	
= 税前利润	
减：所得税	
= 年度净利润	

表 23　第三年资产负债表（单位：万元）

资产	期初数	期末数	负债及所有者权益	期初数	期末数
现金			长期负债		
应收账款			短期负债		
在制品			应交税金		
产成品					
原材料					
流动资产合计			负债合计：		
厂房			股东资本		
生产线			利润留存（以前年度利润）		
在建工程			年度净利润		
固定资产合计			所有者权益合计：		
资产合计：			负债及所有者权益合计：		

表 24　第四年经营记录表

	手工操作流程	系统操作	手工记录			
年初	新年度规划会议					
	广告投放	输入广告费确认				
	参加订货会选订单/登记订单	选单				
	参加竞单会/登记订单	竞单，扣除标书费				
	支付应付税	系统自动				
	支付长贷利息	系统自动				
	更新长期贷款/长期贷款还款	系统自动				
	申请长期贷款	输入贷款数额并确认				
1	季初盘点（请填余额）	产品下线，生产线完工（自动）				
2	更新短期贷款/短期贷款还本付息	系统自动				
3	申请短期贷款	输入贷款数额并确认				
4	原材料入库/更新原料订单	需要确认金额				
5	下原料订单	输入并确认				
6	购买/租用——厂房	选择并确认，自动扣现金				
7	更新生产/完工入库	系统自动				
8	新建/在建/转产/租赁/变卖——生产线	选择并确认				
9	开始下一批生产	选择并确认				
10	更新应收款/应收款收现	需要输入到期金额				
11	按订单交货	选择交货订单确认				
12	产品研发投资	选择并确认				
13	厂房——出售（买转租）/退租/租转买	选择确认，自动转应收款				
14	新市场开拓/ISO资格投资	仅第四季允许操作				
15	支付管理费/更新厂房租金	系统自动				
16	紧急采购（随时进行）	随时进行输入并确认				
17	出售库存（随时进行）	随时进行输入并确认				
18	厂房贴现（随时进行）	随时进行输入并确认				
19	应收款贴现（随时进行）	随时进行输入并确认				
20	季末收入合计					
21	季末支出合计					
22	季末数额对账[（1）+（20）-（21）]					
年末	缴纳违约订单罚款	系统自动				
	支付设备维护费	系统自动				
	计提折旧	系统自动				
	新市场/ISO 资格换证	系统自动				
	结账	在系统中填制报表				

表 25　第四年订单登记表

订单编号	市场	产品	数量	原材料	单个产品直接成本	得单年份	交货期	ISO 认证	总价	账期	销售收入	直接成本	毛利	违约金（计入损失）

表 26　第四年综合管理费用（单位：万元）

项　目	金　额
管理费	
广告费	
维护费	
损失	
转产费	
厂房租金	
市场开拓费	
产品研发	
ISO 认证费	
信息费	
合计	

表 27　第四年利润表（单位：万元）

销售收入	
减：直接成本	
= 毛利	
减：综合费用	
= 折旧前利润	
减：折旧	
= 支付利息前利润	
减：财务费用	
= 税前利润	
减：所得税	
= 年度净利润	

表 28　第四年资产负债表（单位：万元）

资产	期初数	期末数	负债及所有者权益	期初数	期末数
现金			长期负债		
应收账款			短期负债		
在制品			应交税金		
产成品					
原材料					
流动资产合计			负债合计：		
厂房			股东资本		
生产线			利润留存（以前年度利润）		
在建工程			年度净利润		
固定资产合计			所有者权益合计：		
资产合计：			负债及所有者权益合计：		

表 29　第五年经营记录表

	手工操作流程	系统操作	手工记录
年初	新年度规划会议		
	广告投放	输入广告费确认	
	参加订货会选订单/登记订单	选单	
	参加竞单会/登记订单	竞单，扣除标书费	
	支付应付税	系统自动	
	支付长贷利息	系统自动	
	更新长期贷款/长期贷款还款	系统自动	
	申请长期贷款	输入贷款数额并确认	
1	季初盘点（请填余额）	产品下线，生产线完工（自动）	
2	更新短期贷款/短期贷款还本付息	系统自动	
3	申请短期贷款	输入贷款数额并确认	
4	原材料入库/更新原料订单	需要确认金额	
5	下原料订单	输入并确认	
6	购买/租用——厂房	选择并确认，自动扣现金	
7	更新生产/完工入库	系统自动	
8	新建/在建/转产/租赁/变卖——生产线	选择并确认	
9	开始下一批生产	选择并确认	
10	更新应收款/应收款收现	需要输入到期金额	
11	按订单交货	选择交货订单确认	
12	产品研发投资	选择并确认	
13	厂房——出售（买转租）/退租/租转买	选择确认，自动转应收款	
14	新市场开拓/ISO 资格投资	仅第四季允许操作	
15	支付管理费/更新厂房租金	系统自动	
16	紧急采购（随时进行）	随时进行输入并确认	
17	出售库存（随时进行）	随时进行输入并确认	
18	厂房贴现（随时进行）	随时进行输入并确认	
19	应收款贴现（随时进行）	随时进行输入并确认	
20	季末收入合计		
21	季末支出合计		
22	季末数额对账[（1）+（20）-（21）]		
年末	缴纳违约订单罚款	系统自动	
	支付设备维护费	系统自动	
	计提折旧	系统自动	
	新市场/ISO 资格换证	系统自动	
	结账	在系统中填制报表	

表 30　第五年订单登记表

订单编号	市场	产品	数量	原材料	单个产品直接成本	得单年份	交货期	ISO 认证	总价	账期	销售收入	直接成本	毛利	违约金（计入损失）

表 31　第五年综合管理费用（单位：万元）

项　目	金　额
管理费	
广告费	
维护费	
损失	
转产费	
厂房租金	
市场开拓费	
产品研发	
ISO 认证费	
信息费	
合计	

表 32　第五年利润表（单位：万元）

销售收入	
减：直接成本	
= 毛利	
减：综合费用	
= 折旧前利润	
减：折旧	
= 支付利息前利润	
减：财务费用	
= 税前利润	
减：所得税	
= 年度净利润	

表 33　第五年资产负债表（单位：万元）

资产	期初数	期末数	负债及所有者权益	期初数	期末数
现金			长期负债		
应收账款			短期负债		
在制品			应交税金		
产成品					
原材料					
流动资产合计			负债合计：		
厂房			股东资本		
生产线			利润留存（以前年度利润）		
在建工程			年度净利润		
固定资产合计			所有者权益合计：		
资产合计：			负债及所有者权益合计：		

表 34　第六年经营记录表

	手工操作流程	系统操作	手工记录			
年初	新年度规划会议					
	广告投放	输入广告费确认				
	参加订货会选订单/登记订单	选单				
	参加竞单会/登记订单	竞单，扣除标书费				
	支付应付税	系统自动				
	支付长贷利息	系统自动				
	更新长期贷款/长期贷款还款	系统自动				
	申请长期贷款	输入贷款数额并确认				
1	季初盘点（请填余额）	产品下线，生产线完工（自动）				
2	更新短期贷款/短期贷款还本付息	系统自动				
3	申请短期贷款	输入贷款数额并确认				
4	原材料入库/更新原料订单	需要确认金额				
5	下原料订单	输入并确认				
6	购买/租用——厂房	选择并确认，自动扣现金				
7	更新生产/完工入库	系统自动				
8	新建/在建/转产/租赁/变卖——生产线	选择并确认				
9	开始下一批生产	选择并确认				
10	更新应收款/应收款收现	需要输入到期金额				
11	按订单交货	选择交货订单确认				
12	产品研发投资	选择并确认				
13	厂房——出售（买转租）/退租/租转买	选择确认，自动转应收款				
14	新市场开拓/ISO资格投资	仅第四季允许操作				
15	支付管理费/更新厂房租金	系统自动				
16	紧急采购（随时进行）	随时进行输入并确认				
17	出售库存（随时进行）	随时进行输入并确认				
18	厂房贴现（随时进行）	随时进行输入并确认				
19	应收款贴现（随时进行）	随时进行输入并确认				
20	季末收入合计					
21	季末支出合计					
22	季末数额对账[（1）+（20）-（21）]					
年末	缴纳违约订单罚款	系统自动				
	支付设备维护费	系统自动				
	计提折旧	系统自动				
	新市场/ISO资格换证	系统自动				
	结账	在系统中填制报表				

表 35 第六年订单登记表

订单编号	市场	产品	数量	原材料	单个产品直接成本	得单年份	交货期	ISO 认证	总价	账期	销售收入	直接成本	毛利	违约金（计入损失）

表 36　第六年综合管理费用（单位：万元）

项　目	金　额
管理费	
广告费	
维护费	
损失	
转产费	
厂房租金	
市场开拓费	
产品研发	
ISO 认证费	
信息费	
合计	

表 37　第六年利润表（单位：万元）

销售收入	
减：直接成本	
= 毛利	
减：综合费用	
= 折旧前利润	
减：折旧	
= 支付利息前利润	
减：财务费用	
= 税前利润	
减：所得税	
= 年度净利润	

表 38　第六年资产负债表（单位：万元）

资产	期初数	期末数	负债及所有者权益	期初数	期末数
现金			长期负债		
应收账款			短期负债		
在制品			应交税金		
产成品					
原材料					
流动资产合计			负债合计：		
厂房			股东资本		
生产线			利润留存（以前年度利润）		
在建工程			年度净利润		
固定资产合计			所有者权益合计：		
资产合计：			负债及所有者权益合计：		

附录 3　实验报告模板

实 验 报 告

课程名称________________________________

指导老师________________________________

系　　别________________________________

年级专业________________________________

班　　级________________________________

学　　号________________________________

姓　　名________________________________

20　　年　　月

实验项目	企业经营模拟沙盘实训
实验日期	
实验地点	
实验设备	沙盘教具，企业经营模拟沙盘实训手册
【实验目的】	
【实验内容】	

【实验总结】

【实训体会】
【评阅意见】
评阅教师： 评阅日期：